Chiles, frijoles y tortillas...

la cocina de México cada día encuentra más
adeptos en todo el mundo por la variedad de sus
platillos y sus múltiples facetas, como corresponde a
un país tan variado y tan lleno de contrastes. Quien
los haya probado y disfrutado dentro de sus
fronteras, podrá ahora recrearlos con ayuda de este
libro, sin el menor problema, y completar buena
parte de sus conocimientos con la información
sobre el país, sus gentes y sus productos.
¡Que aproveche!

Fotografías de Odette Teubner
y Dorothee Göbert

To: Valentina
From: Mª Elena
Molina Acosta

Winter '98

EDITORIAL EVEREST, S. A.

Madrid • León • Barcelona • Sevilla • Granada • Valencia
Zaragoza • Las Palmas de Gran Canaria • La Coruña
Palma de Mallorca • Alicante • México • Lisboa

La cocina mexicana

México es un país lleno de vitalidad con un pasado fascinante. Su territorio, limitado por Estados Unidos y por Guatemala, está dividido en 32 estados federados. Los contrastes y las diferencias climáticas, son la base de su rica oferta agrícola, tanto como su cocina, una de las más antiguas. Los refinados platillos de las regiones costeras son la delicia de los gourmets, al igual que las formas de preparación de la carne en el norte, cuyas altiplanicies son excelentes zonas ganaderas. El centro del país proporciona un rico surtido de verduras, cereales, leguminosos, verduras y hortalizas: maíz (elote). Las judías verdes (ejotes), que cuando están secas se llaman frijoles (fréjoles, habichuelas, habas, alubias, etc.); arroz, aguacates, jitomates (tomates), el famoso chile (guindilla picante) y el cilantro. Hay que añadir la gran variedad de frutos exóticos: piña, mango, coco, plátano, papaya y nueces y frutos secos (cacahuetes, almendras, etc) que se consumen para desayunar y que, como ingredientes de postres y bebidas refrescantes, son una delicia.

Crisol de culturas

La cocina mexicana combina la cocina del «Viejo Mundo» con la del «Nuevo Mundo». Los toltecas, mayas, aztecas y otras culturas se alimentaban de productos como, maíz, calabaza, cacao, frijoles, plátanos, papas (patatas) y chiles (guindilla). Sólo cambió su alimentación tras la llegada de los españoles, en el S. XVI, al traer con ellos semillas y plantas frutales y aromáticas así como diferentes animales, reses, ovejas, cabras, cerdos, gallinas, patos, palomas y conejos y liebres. Introdujeron utensilios de cocina de barro, metal y madera que formaban parte de su tradición. Todo ello dio lugar a una cocina mixta, -o mestiza, en el más noble sentido de la palabra- a base de productos indígenas preparados a la española e ingredientes europeos cocinados a la manera indígena, una combinación que aún sigue siendo la característica de la cocina mexicana. En 1821, al liberarse de la dominación española, comenzó a intensificarse la influencia de otros paises europeos y de Estados Unidos.

Tras la revolución de 1910, llegaron a México emigrantes, en su mayoría procedentes de Estados Unidos, quienes, a su vez aportaron sus hábitos.

Uno de los vendedores ambulantes de las más diversas especialidades, (generalmente tacos), bebidas, refrescos, y zumos de fruta. Actualmente crece también el número de puestos de venta ambulante de cigarrillos y golosinas.

También muchos mexicanos emigraron a Estados Unidos, donde su cocina también se vio influida por su nuevo país de residencia.

El comer en México

Quien haya estado en México, recordará las fondas, lugares destinados a la venta de piñas, papayas, mangos, sandías, ya peladas y cortadas; jugos (zumos) de frutas mezcladas con agua helada (aguas frías), y otras especialidades. Muchos sitios están especializados en la venta de tortillas en forma de tacos (como se denominan en México, hechas con harina de maíz, cocidas en un comal o plancha), tostadas (tortillas fritas y rellenas), etc. El comer en México está al alcance de todos, y en todas partes, ya que además de los lugares callejeros, en los mercados siempre hay sitios especiales en los que se preparan platillos, y antojitos (tapas, tentempiés, pinchos, cazuelitas, pastelillos) para todos los gustos, que, a precios módicos, pueden tomarse en una mesa o en el mostrador o la barra.

En las ciudades lo que sobra son restaurantes y en muchos de ellos también se sirve en mesas al aire libre, o terrazas.

Un detalle de la cocina mexicana, que suele llamar la atención a cualquiera que no sea mexicano, es que cualquier platillo, en lugar de servirlo con pan se acompaña de tortilla.

México goza de un clima ideal para el cultivo del plátano. No sólo se consumen los frutos, sino que también se utilizan las hojas para cocinar.

Los hábitos alimentarios difieren en el campo y en la ciudad. El desayuno, en las ciudades, suele consistir en una taza de café con leche y pan dulce. En el campo, el día comienza con un desayuno, parecido a los que en la ciudad suele tomarse a eso de las 11 de la mañana, como almuerzo o tentempié antes de la comida mexicana, propiamente dicha, que se toma a partir de las 2 de la tarde. El almuerzo puede consistir, en unos huevos revueltos con tomate (jitomate) y chile con tortillas. La comida, suele

constar de cuatro platos (hasta de ocho, cuando se trata de un banquete). Luego, a ser posible se echa una siesta y, al caer la tarde, se merienda, a base de té, chocolate, o café, con unas pastas, dulces o pastelillos. El punto final lo constituye la cena, que lo mismo puede ser ligera que opulenta.

Las bebidas

Para acompañar a las comidas, se suele tomar agua mineral, zumos de fruta, las «aguas frescas», o cerveza, bastante ligera, lo que supone una gran ventaja dado el clima del país. Tomar vino, no es corriente, aunque últimamente su consumo empieza a extenderse. Típico de México es el Pulque, una bebida fermentada que no puede exportarse, ya que es necesario tomarlo fresco. Doblemente fermentado y con cierta solera, esta bebida constituye el famoso Tequila (por ser originario de la ciudad del mismo nombre), también llamado Mezcal. Sólo el Tequila procedente de Jalisco, Colima, Guanajuato, Nayarit y Michoacán puede ostentar tal nombre, como denominación de origen registrada. Los entendidos, lo toman de un trago junto con un gajo de limón que rocían con sal sosteniéndolo entre el dedo pulgar y el índice. El Mezcal, es algo más robusto y procede del estado de Oaxaca. Como prueba de su autenticidad, la botella lleva flotando en su interior un gusano de maguey...

Otra bebida sumamente popular es el famoso cóctel «Margarita», a base de tequila, zumo de limón, Cointreau y hielo.

Ingredientes típicos de la cocina mexicana

Las recetas de este libro abarcan varias especialidades de la cocina mexicana teniendo en cuenta la posibilidad de obtener los ingredientes necesarios para realizarlas. Por esta limitación, es de suponer que muchos amantes de México echen en falta alguna en particular. Los tamales, por ejemplo, son platillos que se cocinan envueltos en hojas de maíz, difíciles de conseguir fuera de México, por lo que hemos preferido excluirlos. Lo mismo sucede con los nopales; las gruesas hojas del nopal, denominado chumba de Indias, que se elaboran como verdura, con un sabor que recuerda a las judías verdes.

Otros ingredientes pueden adquirirse sin problemas o ser sustituidos por otros semejantes:

• El aguacate: al comprarlo conviene que los ejemplares estén maduros. Pero si no lo están, basta envolverlos en papel y dejarlos reposar a temperatura ambiente para que maduren en poco tiempo. Los maduros pueden conservarse en el frigorífico, pero cuando se les quita la piel es necesario rociarlos con zumo de limón,

México es el país del chile, una especie de pimientos o guindillas picantes de las que existen una variedad increíble que se venden en todos los mercados.

para que no se oscurezcan.

• El ceviche: pescado crudo marinado, en adobo o escabeche a base de zumo de limón o vinagre.

• El chile: (guindilla) ingrediente típico de la cocina mexicana, responsable del sabor característico de cualquier platillo. El número de variedades es enorme, tanto por su forma y tamaño (redondo, alargado, grande, pequeño, pequeñito) o por su sabor (semidulce, picante o muy picante). No todas las variedades frescas pueden adquirirse en España, pero siempre existe el recurso de utilizar chiles en conserva.

Quien prefiera los muy picantes, basta con no quitarles las semillas que es donde se acumula el picante. En caso contrario, no olvide quitarlas, pero con guantes de goma y con cuidado de no acercar las manos a los ojos. Los chiles o guindillas más populares son: *Chile jalapeño*: el más corriente. Parecido al pimiento verde y sabor suave. Suele usarse fresco para rellenos y como verdura. El seco se denomina *chile ancho*. *Chile serrano*: bastante fuerte, alargado y de piel verde oscura. Se usa fresco y finamente cortado para salsas, verduras y hortalizas.

Chile piquín: pequeño, rojo y muy picante (más que la guindilla española). Puede usarse también molido, en lugar de pimienta de Cayena.

• Cilantro: especia existente en el mercado, o en último caso, en establecimientos especializados. Su sabor inconfundible es lo que da el toque especial a los platillos mexicanos. Puede cultivarse en casa en una simple maceta. En lugar de comprarlo seco, es preferible sustituirlo por perejil fresco.

• Epazote: hierba aromática, comestible y medicinal, que se añade a muchos platillos. Puede sustituirse por toronjil.

• Frijoles: legumbre de la familia de las habas, habichuelas, alubias, judías, etc., típicamente mexicana, de las más diversas especies, tamaños y colores. Un platillo típico son los frijoles refritos.

• Huachinango: pescado procedente del golfo de México, del que existen numerosas variedades. Puede sustituirse por dorada, lubina, róbalo u otro pescado semejante.

• Jitomate: denominación correspondiente al tomate normal rojo y carnoso. Cuando se habla de tomate, se trata de unos tomates especiales, pequeñitos y siempre muy verdes y con cáscara.

• Lima: cítrico de cáscara verde, que también pude adquirirse en España (al menos en tiendas especializadas). De no ser así, puede sustituirse por el limón. En algunas recetas, incluso figura éste como ingrediente.

• Maíz: conocido en España, es incluso un cereal típico para la fabricación de pan y otros productos en algunas regiones de España (Galicia y Asturias). El maíz representa un papel primordial en la cocina mexicana; se puede considerar como el alimento básico por excelencia. Las mazorcas frescas y la harina (de una clase especial) se emplean para la elaboración de las típicas tortillas, que se convierten, con algún relleno, en tacos. En España se venden también en conserva.

• Mango: este fruto tropical, de forma oval, amarillo por dentro, de piel o corteza delgada y correosa, aromático y de sabor agradable, también puede adquirirse en España en establecimientos bien surtidos de frutos tropicales. Es una fruta muy dulce.

• Papaya: fruto oblongo, hueco y que encierra las semillas en su concavidad; la parte mollar, semejante a la del melón, es amarilla y dulce. Cuando está verde se usa para hacer confitura muy apreciada en México. También se consume en ensaladas. Puede adquirirse en España en establecimientos con departamento de frutos tropicales.

• Queso: son innumerables las variedades que existen en México, desde el fresco cremoso hasta el picante queso duro, parecido al Parmesano italiano. El queso fresco puede sustituirse por queso de cabra no muy añejo.

• Tortillas: las hay de harina, de maíz y de trigo. Se pueden hacer en casa o adquirirlas ya elaboradas. Si se hacen en casa conviene elaborar varias al mismo tiempo y luego congelarlas.

Especialmente el centro de México es un verdadero paraíso de verduras, hortalizas y fruta fresca, la mayoría de la veces a la venta ya pelada y cortada.

Ensalada de piñas y papaya

Ingredientes para 4 porciones:

1 piña mediana

1 papaya grande y madura

Chile rojo (guindilla), fresco

1/2 manojo de cilantro
o de perejil

1 limón

Sal

Exclusiva
Rápida

Cada ración:
660 kj/160 kcal · 2 g de
proteínas · 1 g de grasa · 37 g
de hidratos de carbono

- Tiempo de preparación:
  20 minutos

1. Quite la cáscara de la piña
y pele el fruto. Córtelo en
cuartos y quíteles la parte del
centro. Corte la parte limpia y
póngala en un recipiente.
2. Pele la papaya, córtela a lo
largo por la mitad y quítele las
semillas. Corte el fruto en cubos
y añádalos a la piña troceada
3. Seccione el chile a lo largo,
quítele las semillas, lávelo,
escúrralo y córtelo finamente.
Lave el cilantro, escúrralo y
córtelo del mismo modo.
Exprima el limón y mezcle el
zumo con el chile y el cilantro
picados. Sazónelo con sal y
mézclelo con los frutos.

Pico de gallo

Ensalada de fruta y verdura

Especialmente indicada como
refresco para tomar bien fría en
los días de mucho calor.

*Ingredientes para 4 o 6
porciones:*

1 pimiento morrón

1 cucharada de aceite

1 limón, 1 naranja pequeña

Sal, pimienta negra molida

1 pizca de pimienta de Cayena

1 pequeño chile rojo (guindilla),
y fresco

1 piña pequeña madura

200 g de zanahorias

1 pepino mediano

1 mango, 1 manojo de menta

Refinada

Cada porción, de un total de 6:
530 kj/130 kcal · 2 g de
proteínas · 2 g de grasa · 25 g
de hidratos de carbono

- Tiempo de preparación:
  45 minutos
- Tiempo de refrigeración:
  1 hora

1. Limpie el pimiento, lávelo,
escúrralo y córtelos en cubitos.
Ponga a calentar el aceite en
una sartén y sofría en ella los
cubitos de pimiento 2 minutos.
Exprima el limón, la naranja,
eche el jugo en la sartén y
vuelva a rehogarlo todo 5
minutos más. Haga un puré con

todos los ingredientes,
salpiméntelo y sazónelo al gusto
con la pimienta de Cayena.
2. Seccione el chile, quítele las
semillas, lávelo y escúrralo.
Córtelo bien finito y mézclelo
con el puré. Déjelo enfriar y,
antes de servirlo, manténgalo 1
hora en el refrigerador.
3. Seccione el chile a lo largo y
quítele las semillas. Lávelo,
escúrralo, córtelo bien finito y
mézclelo con el puré. Deje que
se enfríe durante 1 hora en el
frigorífico.
4. Pele el melón, lávelo y
rebánelo al sesgo en rebanadas
finas. Pele el pepino, córtelo
primero transversalmente y luego
a lo largo en dos mitades.
Extraiga las pepitas con una
cuchara y corte la pulpa en
rebanadas de 1 cm. Luego pele
las almendras. Con un cuchillo
afilado, rebane la pulpa
alrededor del tronco y colóquelo
todo en el plato junto a la piña.
5. Lave la menta con agua fría,
escúrrala, quítele las hojitas y
córtelas en tiritas finas. Antes de
servir la macedonia (ensalada
de frutas), eche por encima la
salsa y decórela con las hojitas
de menta.

*En la parte superior: Pico de gallo
En la parte inferior: Ensaladas
de piña y papaya*

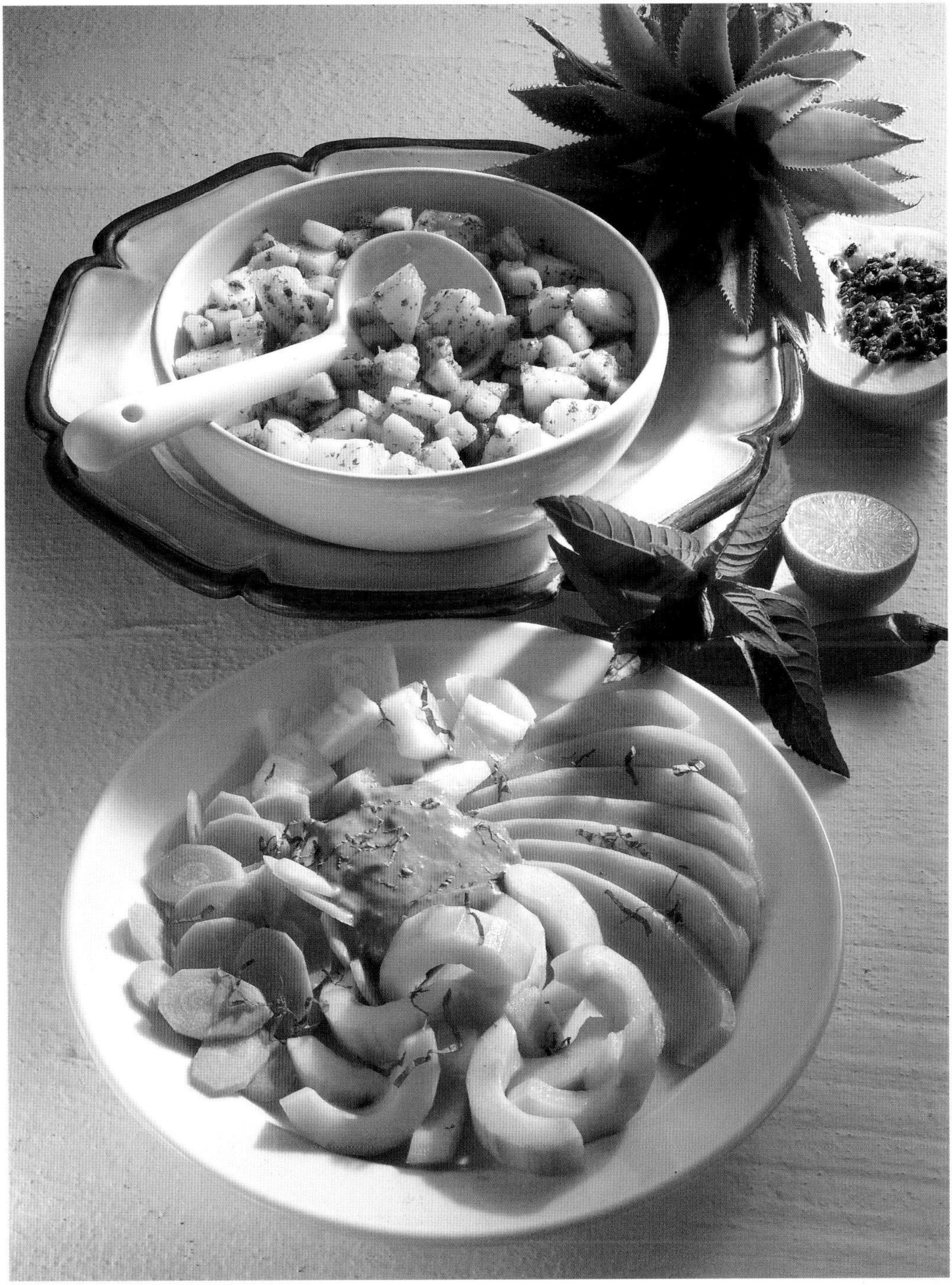

Ensalada de aguacates

Ingredientes para 4 personas:
2 jitomates (tomates), (400 g)
2 aguacates maduros
El jugo de 1/2 limón
4 cebollas con rabo
3 rabanitos
150 g de tocino en rebanadas
2 cucharadas de aceite
6 cucharadas de vinagre de vino
1 pizca de polvo de chile
1 pizca de azúcar
Sal, pimienta negra molida

Refinada

Cada porción:
2200 kj/520 kcal · 7 g de proteínas · 52 g de grasa · 8 g de hidratos de carbono

- Tiempo de preparación: 30 minutos

1. Escalde los tomates con agua hirviendo, pélelos, córtelos en octavos y quíteles los rabitos.
2. Pele los aguacates, córtelos a lo largo por la mitad, quíteles el hueso, corte transversalmente la pulpa en rebanadas estrechas y rocíelas con el zumo de limón para que no se oscurezcan.
3. Limpie las *cebollas*, lávelas y córtelas en aritos. Limpie los rabanitos, lávelos y córtelos en rebanadas finas. Distribúyalas en cuatro ensaladeras individuales junto con las

rebanadas de aguacate
4. Corte las rebanadas de tocino en tiritas finas. Ponga a calentar el aceite en una sartén y fríalas en él. Retírelas cuando estén fritas y póngalas a escurrir sobre papel de cocina.
5. Mezcle el vinagre con la grasa que haya quedado en la sartén. Añada el polvo de chile, azúcar, sal y pimienta al gusto. Deje que la mezcla hierva un instante y, mientras aún esté bien caliente, échela sobre la ensalada. Esparza por encima las tiritas fritas de tocino.

Ensalada de jitomates (tomates) con chile

Ensalada de tomates rojos con chile verde (pimiento verde) o guindilla

Ingredientes para 4 porciones:
600 g de jitomates (tomates)
1 chile verde (pimiento verde) fresco
1 manojo de cilantro o perejil
1 limón, 1 diente de ajo
3 cucharadas de aceite de oliva
Pimienta negra molida

Rápida
Económica

Cada porción:
360 kj/86 kcal · 2 g de

proteínas · 6 g de grasa · 7 g de hidratos de carbono

- Tiempo de preparación: unos 20 minutos

1. Escalde los tomates con agua hirviendo, pélelos, y quíteles las semillas y los rabitos. Corte toscamente la pulpa en cubos y póngalos en un recipiente.
2. Seccione el chile a lo largo, quítele las semillas, lave la vaina, escúrrala y córtela en aros estrechos.
3. Lave el cilantro o el perejil, escúrralo, deshójelo y corte las hojitas toscamente. A continuación, mézclelas con el tomate en cubos.
4. Exprima el limón y mezcle el jugo con el aceite de oliva, al gusto, con sal y pimienta negra. Pele el diente de ajo, prénselo y añádalo al aceite condimentado. Eche la salsa resultante sobre la ensalada.

Sugerencia

Si prefiere la ensalada más picante, no quite las pequeñas semillas blancas de chile.

En la parte inferior: Ensalada de jitomate con chile
En la parte superior: Ensalada de aguacates

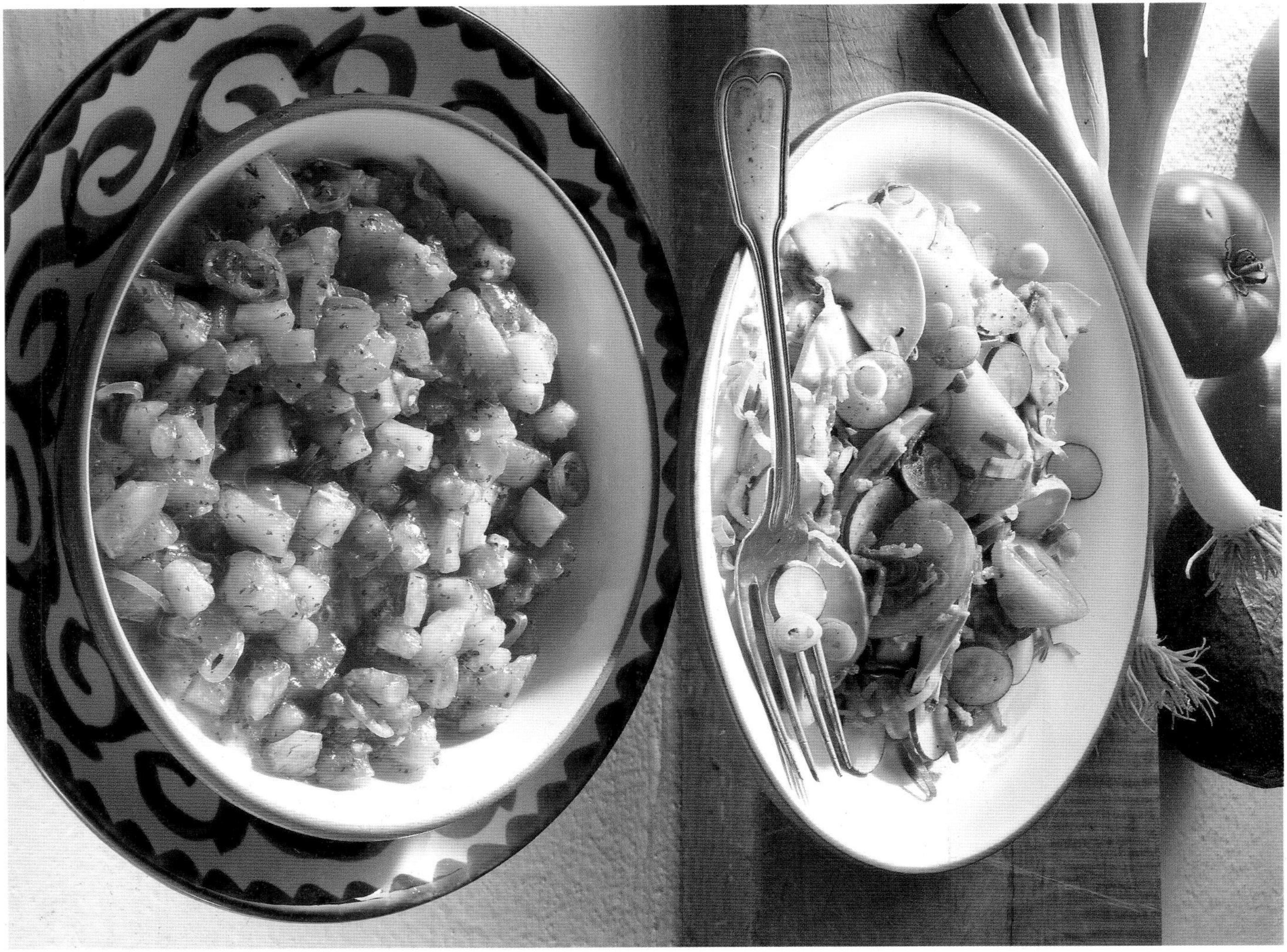

Ensalada de calamares

Ensalada mixta de calamares

Ingredientes para 4 o 6 porciones:
1 manojo de perejil, sal
2 cebollas, 1 hoja de laurel
1 cucharadita de granos de pimienta negra
600 g de calamares
1 jitomate (tomate) (unos 200 g)
1 pimiento verde y chile fresco
1 lata de frijoles (judías verdes)
El zumo de 1 limón
Pimienta negra molida
Polvo de chile (guindilla)
3 cucharadas de aceite de oliva

Elaborada

Cada porción de un total de seis:
1400 kj/330 kcal · 34 g de proteínas · 8 g de grasa · 29 g de hidratos de carbono

- Tiempo de preparación: 1 hora y 15 minutos

1. Lave el perejil. Pele las cebollas. Corte una de ellas en cubos y mézclalas con la hoja de laurel y los granos de pimienta, 2 ramitas de perejil y 1/2 cucharadita de sal. Añada 1/2 litro de agua y déjelo hervir.
2. Lave los calamares, córtelos en aritos y cuézalos en el caldo hirviendo 20 o 25 minutos.
3. Escalde el tomate, pélelo,

quítele las semillas y el rabito y trocéelo en cubos pequeños. Quite las semillas del pimiento verde y córtelo en tiras finas.
4. Corte el chile a la mitad, quítele las semillas, lave la vaina vacía y córtela bien finita. Lave los frijoles y escúrralos en un colador. Luego corte la cebolla sobrante y el resto del perejil.
5. Revuelva el zumo de limón, pimienta, polvo de chile, sal y aceite de oliva. Ponga en un recipiente las verduras. Saque los calamares del caldo, escúrralos y deje que se enfríen. Añádalos a la ensalada, rócíelo todo con el aderezo y mézclelo.

Ensalada a la veracruzana

Ensalada de pescado

Ingredientes para 4 porciones:
600 g de bacalao fresco
4 cucharadas de aceite de oliva
pimienta blanca recién molida
2 jitomates (tomates)
100 g de aceitunas rellenas de pimiento morrón
3 cebollas con rabo, sal
2 cucharadas de alcaparras
3 limones, 2 dientes de ajo
Unas hojas de lechuga

Refinada
Fácil

Cada porción:
1200 kj/290 kcal · 32 g de

proteínas · 15 g de grasa · 8 g de hidratos de carbono

- Tiempo de preparación: unos 50 minutos
- Tiempo de refrigeración: 2 horas

1. Caliente el horno a 250 °C. Lave el pescado con agua fría y séquelo. Engrase un recipiente de horno con 1 cucharada de aceite, salpimente el pescado, dipóngalo en un recipiente y rócíelo con otra cucharada de aceite. Tape el recipiente con el papel de aluminio y deje que el pescado se hornee, en el centro del horno, durante 10 minutos. Déjelo enfriar y consérvelo 2 horas en el frigorífico.
2. Escalde los tomates, pélelos y quíteles las semillas. Trocéelos en cubos y póngalos en un recipiente. Corte las aceitunas en rebanadas y añádalas. Incorpore las cebollas, y las alcaparras. Pele los ajos y añádalos prensados.
3. Exprima los limones, mezcle el zumo con el aceite sobrante, salpimente la mezcla y rocíe con ella las verduras.
4. Lave y seque las hojas de lechuga. Limpie el pescado y trocéelo. Preséntelo sobre las hojas de lechuga y sírvalo cubierto con la verdura.

En la parte inferior: Ensalada a la veracruzana
En la parte superior: Ensalada de calamares

Tortillas de maíz

Es una variante de la receta original ya que para preparar ésta se necesita una harina de maíz especialmente elaborada que no puede adquirirse fuera de México, salvo en establecimientos especializados. Las tortillas del norte de México, en cambio, sólo se preparan con harina de trigo

Ingredientes para 12 tortillas:
125 g de harina de trigo
125 g de harina de maíz
(en tiendas especializadas)
1 cucharadita de sal
Harina de maíz para enharinar la superficie de trabajo

Receta famosa

Cada tortilla:
320 kj/76 kcal · 2 g de proteínas · 1 g de grasa · 16 g de hidratos de carbono

• Tiempo de preparación: 1 hora

Sugerencia

Las tortillas son riquísimas con cualquier tipo de relleno, ya sea de carne, hortalizas o queso (quesadillas). En la receta de la página 15 encontrará una sugerencia para un sabroso relleno.

1. Mezcle con las varillas de amasar de la batidora la harina de trigo, la de maíz y la sal, al tiempo que va añadiendo a la mezcla, a cucharadas, entre 150 y 200 ml de agua tibia.

2. Finalmente trabaje la masa con la mano hasta que quede suave, pero no pegajosa. Logrado este punto, tápela y déjela reposar durante 20 minutos en un lugar caliente.

3. Forme con la masa 12 bolas de igual tamaño. Enharine la superficie de trabajo con harina de maíz, y extiéndalas luego con el rodillo hasta que queden de un diámetro aproximado de 15 cm.

4. Caliente una sartén antiadherente, sin grasa, y pase por ella las tortillas, una por una, dejándolas que se hagan aproximadamente 1 minuto por cada lado.

Enchiladas

Tortillas rellenas enrolladas

Plato nacional mexicano

Ingredientes para 6 personas:
2 cebollas
4 dientes de ajo
500 g de pechugas de pollo
1/2 taza de de caldo de gallina
1 kg de jitomates (tomates)
1 chile rojo (guindilla)
Un manojo de cilantro (o perejil)
Sal, pimienta negra molida
12 tortillas
100 g de crema fresca
(nata líquida)
150 g de queso de oveja
Aceite para freír
Hojas de lechuga, para adornar

Especialidad

Cada porción:
1800 kj/442 kcal · 30 g de
proteínas · 29 g de grasa · 40
g de hidratos de carbono

• Tiempo de preparación:
  1 hora

Sugerencia

La receta es suficiente como
primer plato para 6 personas.
Como plato principal
recomendamos tres
enchiladas por persona.

1. Pele las cebollas y los ajos.
Corte a la mitad una de las
cebollas, ponga en una olla la
mitad con 1 diente de ajo y las
pechugas. Lleve el a ebullición
y, con la olla tapada, déjelo
cocer 8 o 10 minutos a fuego
suave. Saque la carne del caldo
de cocción y déjela enfriar.

2. Escalde los tomates y
pélelos. Quite las semillas del
chile y lávelo. Eche todo en la
batidora, añádale el resto de la
cebolla y el ajo y haga una
salsa con todo. Lave el cilantro,
escúrralo y, una vez cortadas
las hojitas mézclelas con la
salsa y salpimiéntelo al gusto.

3. Corte en trocitos las
pechugas. Ponga a calentar en
una sartén el aceite de freír. Fría
en él las tortillas dándole vuelta
una vez para que se ablanden.
Extienda sobre ellas la mitad de
la salsa preparada, añada los
trocitos de pollo y eche por
encima el resto de la salsa.

4. Ponga una cucharadita de
crema fresca sobre cada tortilla,
ralle por encima el queso de
oveja y dóblelas, o mejor aún,
enróllelas, ya que ésta es
precisamente la característica de
las enchiladas. Adórnelas con
hojas de lechuga. Lo típico es
comerlas con la mano.

Huevos a la mexicana

Huevos revueltos a la mexicana

Ingredientes para 4 personas:
1 cebolla mediana
2 cucharadas de aceite de oliva
1 chile verde (pimiento verde)
2 jitomates (tomates) (400 g)
8 huevos, sal, pimienta negra

**Económica
Rápida**

Cada porción:
1000 kj/ 240 kcal · 17 g de proteínas · 18 g de grasa · 5 g de hidratos de carbono.

- Tiempo de preparación:
  35 minutos

1. Pele las cebollas y córtelas en cubitos. Caliente el aceite en una sartén y rehogue en la cebolla 3 minutos, a fuego débil, hasta que se dore.
2. Corte el chile a la mitad, quítele las semillas, lávelo y escúrralo. Córtelo finalmente, mézclelo con la cebolla picada.
3. Escalde los jitomates con agua hirviendo, pélelos, quíteles las semillas y los rabitos y córtelos en cubos pequeños.
4. Casque los huevos, bátalos y salpimiéntelos al gusto. Añada los cubos de tomate, eche la mezcla en la sartén y, con una cuchara de madera, revuélvalos a fuego débil 5 minutos.

Tacos

Tortillas de maíz rellenas de carne

Ingredientes para 6 personas:
250 g de solomillo de buey
1/4 de litro de caldo de carne
1 lata de frijoles (judías pintas) (255 g, escurridos)
1 cebolla pequeña
2 cucharadas de aceite de oliva
2 dientes de ajo
Sal, pimienta negra
1 pizca de polvo de chile
6 tortillas preparadas
Manteca de cerdo
6 hojas de lechuga
1 jitomate (tomate) (unos 200 g)
6 cucharadas de crema fresca (nata líquida)
6 cucharadas de salsa de jitomate o de salsa en lata para tacos
80 g de queso Gouda semicurado

Elaborada

Cada porción:
1500 kj/360 kcal · 20 g de proteínas · 19 g de grasa · 25 g de hidratos de carbono.

- Tiempo de preparación:
  1 hora

1. Ponga el solomillo y el caldo en una olla, llévelo a ebullición y dejelo que hierva, tapado y a fuego medio 30 minutos.
2. Entretanto, escurra los frijoles

y reserve el líquido. Luego, con la mitad de éste y los frijoles escurridos aplástelos.
3. Pele la cebolla y córtela bien finita. Caliente el aceite y fría en él la cebolla hasta que se dore. Añada los dientes de ajo, pelados y prensados. Incorpore el puré de frijoles y deje que se haga todo, a fuego suave 5 minutos. Luego, sazónelo abundantemente con sal, pimienta y polvo de chile.
4. Saque el solomillo del caldo de cocción, deje que se enfríe, cortelo en trozos pequeños y sazónelo con sal, al gusto.
5. Caliente suficiente manteca de cerdo en una sartén, y fría en él las tortillas de modo que queden suaves.
6. Lave y escurra la lechuga. Extienda los frijoles sobre las tortillas, ponga encima de cada una unas hojitas de lechuga y luego reparta en ellas la carne.
7. Lave el jitomate, córtelo a la mitad y luego en rebanadas. Añádalo a las tortillas y remátelas con una cucharada de crema fresca y salsa de tomate (o para tacos). Ralle el queso por encima, doble las tortillas por la mitad , ya que es la forma característica de los tacos, y sírvalos de inmediato. Lo típico es comerlos a mano.

En la foto superior: Tacos
En la foto inferior: Huevos a la mexicana

Cauliflower

Coliflor con guacamole

Coliflor con salsa de aguacates

Como plato principal vegetariano, las cantidades de esta receta son suficientes para 2 personas

Ingredientes para 4 porciones
1 coliflor mediana
(de unos 800 g)
2 limas (o 1 limón)
2 aguacates maduros
1 manojo de cilantro
(o de perejil)
5 cucharadas de caldo
de verdura
Pimienta blanca, sal, 1 cebolla
1 pizca de pimienta de Cayena

Económica

Cada porción:
1200 kj/290 kcal · 7 g de proteínas · 24 g de grasa · 8 g de hidratos de carbono.

• Tiempo de preparación:
  1 hora

1. Separe la coliflor en troncos, límpielos y lávelos. Póngalos a hervir agua salada y cuézalos 5 minutos. Sáquelos con un recipiente y, después de escurrirlos en un colador, deje que se enfríen.
2. Exprima las limas. Pele los aguacates, córtelos a lo largo por la mitad y quíteles el hueso. Rocíe inmediatamente la pulpa

para que conserve su color, y aplástelas luego un tenedor.
3. Pele la cebolla y córtela finita. Lave el cilantro y córtelo igualmente. Incorpórelos al aguacate prensado, junto con la cebolla o perejil picados, añada el caldo de verdura y mézclelo todo bien, hasta conseguir una crema uniforme, el guacamole.
4. Sazónelo con sal, pimienta y pimienta de Cayena, Una vez presentada la coliflor en un recipiente, distribuya por encima el guacamole y sírvala de inmediato, o manténgala fría hasta el momento de servir.

Pumpkin

Calabacines con elote

Calabacines con maíz

Suele servirse como guarnición de pescado, carne o aves

Ingredientes para 4 personas:
400 g de calabacines
pequeños
1 pimiento rojo, mediano
1 lata de elote de granos
de maíz (285 g escurridos)
1 cebolla mediana
3 cucharadas de mantequilla
2 dientes de ajo
Sal, pimienta negra

Fácil

Cada porción:
810 kj/190 kcal · 5 g de

proteínas · 11 g de grasa · 19 g de hidratos de carbono.

• Tiempo de preparación:
  30 minutos

1. Lave los calabacines y después de cortarles los extremos, rebánelos finitos con la guillotina. Corte el pimiento en cuartos, quíteles las semillas, lávelos y córtelos en cubitos.
2. Escurra en un colador los elotes.
3. Pele y corte la cebolla, caliente la mantequilla en una sartén de borde alto y en cuanto se glasee un poquito, añada los pepinos rebanados y el pimiento picado y rehóguelos junto con la mantequilla10 minutos. Añada el maíz y deje que los ingredientes sigan rehogándose otros 10 minutos.
4. Pele los ajos y prénselos en la verdura rehogada. Mézclelo todo, salpimiéntelo y dejelo rehogar a fuego medio10 minutos más.

Sugerencia

En lugar de maíz en lata, puede utilizar maíz fresco suelto, cociéndolo y estofándolo desde el principio que los demás ingredientes.

En la parte inferior:
Calabacines con elote
En la parte superior: Coliflor
con guacamole

Ejotes (judías verdes) con limón

Justamente el zumo de limón fresco es lo que caracteriza a este platillo típico de Guadalajara

Ingredientes para 4 porciones:
600 g de judías verdes
Sal, pimienta negra
1 de perejil, 2 limones
4 cucharadas de mantequilla
1 pizca de azúcar

Fácil

Cada porción:
740 kj/180 kcal · 4 g de proteínas · 13 g de grasa · 11 g de hidratos de carbono.

• Tiempo de preparación:
  25 minutos

1. Lave las judías verdes y quíteles las hebras. Ponga a hervir agua abundante con sal y cuézalas 7 minutos solamente, para que no se rompan
2. Lave y escurra bien el perejil, deshójelo y corte finamente las hojitas.
3. Derrita la mantequilla en una cazuela pequeña. Añada el zumo de los limones recién exprimidos y el perejil picado, y sazone la salsa resultante con sal, pimienta y azúcar.
4. Escurra bien las judías verdes y mézclelas con la salsa.

Guacamole

Aguacate con chile

Ingredientes para 6 personas:
2 jitomates (tomates) medianos (unos 300 g)
1 cebolla pequeña, 2 limones
3 chiles rojos (guindillas)
4 aguacates maduros
1 manojo de cilantro (o perejil)
Sal, pimienta negra

Recata famosa

Cada porción:
1300 kj/310 kcal · 3 g de proteínas · 32 g de grasa · 4 g de hidratos de carbono

• Tiempo de preparación:
  30 minutos

1. Escalde los jitomates con agua hirviendo. Pélelos y córtelos finamente después de haberles quitado las semillas y los rabitos. Pele también la cebolla y córtela del mismo modo.
2. Haga una incisión a lo largo de cada chile, córteles las semillas. Lávelos y píquelos lo más fino posible.
3. Pele los aguacates, córtelos a lo largo en dos mitades, quíteles el hueso y extraiga la pulpa con una cuchara. Aplaste bien el aguacate. Corte los limones a la mitad y exprímalos. Ponga la pulpa de aguacate en la batidora, añada el zumo de limón y revuelva.

4. Mezcle el aguacate con jitomates, la cebolla y el chile. Lave el cilantro, escúrralo y pique finamente las hojitas. Añada la mixtura a los aguacates y salpimiéntela al gusto. Seccione los 2 chiles retantes, y una vez quitadas las semillas y rebanados en aros finos, adorne con ellos los platillos antes de servirlos.

Sugerencia

El guacamole es una salsa espesa de exquisito sabor, tanto como guarnición de carne o pescado a la parrilla, como de verdura, o de tortillas.

En la parte inferior: Guacamole
En la parte superior: Ejotes con limón

Arroz con granadas

Arroz con granadas y plátano

Una especialidad mexicana de inesperado sabor agridulce

Ingredientes para 4 personas:
2 jitomates (tomates) medianos
(unos 300 g)
1/2 litro de caldo de gallina
3 cucharadas de aceite
150 g de arroz de grano largo
Sal, 2 dientes de ajo, 1 cebolla
1 granada, 1 plátano
Zumo de limón
1 ramita de cilantro fresco
(o de perejil)

Para invitados

Cada porción:
1000 kj/240 kcal · 5 g de proteínas · 8 g de grasa · 2 g de hidratos de carbono

- Tiempo de preparación:
  40 minutos

1. Escalde los jitomates con agua hirviendo, pélelos y quíteles las semillas y los rabitos. Corte la pulpa finamente, hierva el caldo de gallina en una olla adecuada y cueza en ella el picadillo de jitomate.
2. Pele la cebolla y córtela finamente. Ponga calentar el aceite en una cazuela y rehogue en ella la cebolla cortada hasta que se dore.

Pele los dientes de ajo y añádalos prensándolos previamente. Rocíe el arroz por encima, y remuévalo todo hasta que todos los granos se cubran de grasa.
3. Rocíe el arroz por encima, salpimiente al gusto, tape la cazuela y déjela durante 20 o 25 minutos, a fuego débil, para que acabe de hacerse.
4. Entretanto, parta la granada, a lo largo, en dos mitades y desgránelas. Pele el plátano, rebánelo y rocíelo con unas gotas de limón.
5. Añada al arroz los granos de una de las mitades de la granada y las dos terceras partes de las rebanadas de plátano. Finalmente, antes de servir los platillos individuales, adórnelos con las hojitas de cilantro y las rebanadas de plátano restantes.

Arroz a la mexicana

Arroz típico con tomate y caldo de carne

Ingredientes para 4 personas:
2 jitomates (tomates) (400 g)
1 cebolla, 1 diente de ajo
1/4 de litro de caldo de carne
200 g de arroz de grano largo
Sal
Pimienta negra

Fácil

Por cada porción:
840 kj/200 kcal · 5 g de proteínas · 2 g de grasa · 41 g de hidratos de carbono

- Tiempo de preparación:
  40 minutos

1. Escalde los jitomates con agua hirviendo, pélelos, córtelos en mitades y quíteles las semillas y los rabitos. Corte la pulpa toscamente.
2. Pele la cebolla y el diente de ajo y córtelos del mismo modo. Revuelva ambos ingredientes y échelo en una olla. Añada el caldo de carne y llévelo todo a ebullición.
3. Agregue el arroz. Tape la olla y, a fuego débil, deje cocer su contenido durante 20 o 25 minutos. Finalmente, sazónelo, al gusto, con sal y pimienta.

Sugerencia

En México, el arroz nunca se sirve como guarnición, sino como entrada o primer plato, la llamada sopa seca, antes de servir la carne o el pescado.

En la parte inferior: Arroz con granadas
En la parte superior: Arroz a la mexicana

Salsa fría de jitomate y cilantro

La salsa universal mexicana por excelencia

Ingredientes para 4 o 6 personas:

750 g de jitomates (tomates)

2 cebollas medianas, sal

1 chile verde (pimiento verde)

Pimienta negra y cilantro (o perejil)

Receta famosa

Cada porción, de un total de 6 comensales:
110 kj/26 kcal · 1 g de proteínas · 0 g de grasa · 5 g de hidratos de carbono

• Tiempo de preparación: 35 minutos

1. Escalde los jitomates, pélelos, quíteles las semillas y los rabitos y corte la pulpa en cubitos pequeños. Ponga el preparado en un recipiente.
2. Pele las cebollas, córtelas finamente y mézclelas con los cubitos de tomate.
3. Seccione el chile a lo largo, quítele las semillas, lávelo y, una vez cortado lo más finito posible, incorpórelo a los anteriores ingredientes.
4. Mézclelo todo y sazónelo con sal y pimienta. Lave el manojo de cilantro bajo el chorro del agua fría, escúrralo, deshójelo y corte finamente las hojitas. Agréguelas a la mezcla y manténgala fría hasta el momento de servirla.

Salsa de cacahuates

Salsa de cacahuetes

Una salsa espesa y picante para pescado, aves o carne

Ingredientes para 4 personas:

2 pimientos morrones rojos, grandes (unos 400 g)

3 chiles secos rojos (guindillas)

4 dientes de ajo

1 cebolla pequeña

2 cucharadas de aceite

300 g de cacahuates (cacahuetes) pelados, sin salar

200 ml de caldo de pollo

Sal, pimienta negra

Para espolvorear: 1 cucharada de cacahuates picados.

Elaborada

Cada porción:
210 kj/500 kcal · 22 g de proteínas · 42 g de grasa · 13 g de hidratos de carbono

• Tiempo de preparación: 1 hora

1. Caliente el horno a 250 °C. Ase los pimientos morrones, en la bandeja central del horno, unos 20 minutos, hasta que la piel comience a abrirse. Sáquelos del horno y deje que se enfríen. Córtelos por la mitad quite las semillas y trocéelos.
2. Entretanto, ase a fondo los chiles secos en una sartén antiadherente -sin grasa- y, una vez asados, resérvelos. Pele los ajos y corte las cebollas en aros. Caliente en una sartén 1 cucharada de aceite y rehogue ambos ingredientes, 1 minuto hasta que se ablanden.
3. Haga una crema batida con los pimientos morrones, los chiles reservados, la mezcla de ajos y cebollas, los cacahuates y el resto del aceite.
4. Eche la crema en una olla, agréguele el caldo de pollo, y llévela a ebullición unos 5 minutos, removiéndola cada poco. Rectifique la sazón con sal y pimienta. Espolvoree por encima los cacahuates triturados, y ya puede servirla.

Sugerencia

Si antes de añadir los cacahuates pelados, los tuesta un poquito en una sartén de acero o de hierro, la crema resultará más aromática.

En la parte inferior: Salsa de cacahuates.
En la parte superior: Salsa de jitomate con cilantro.

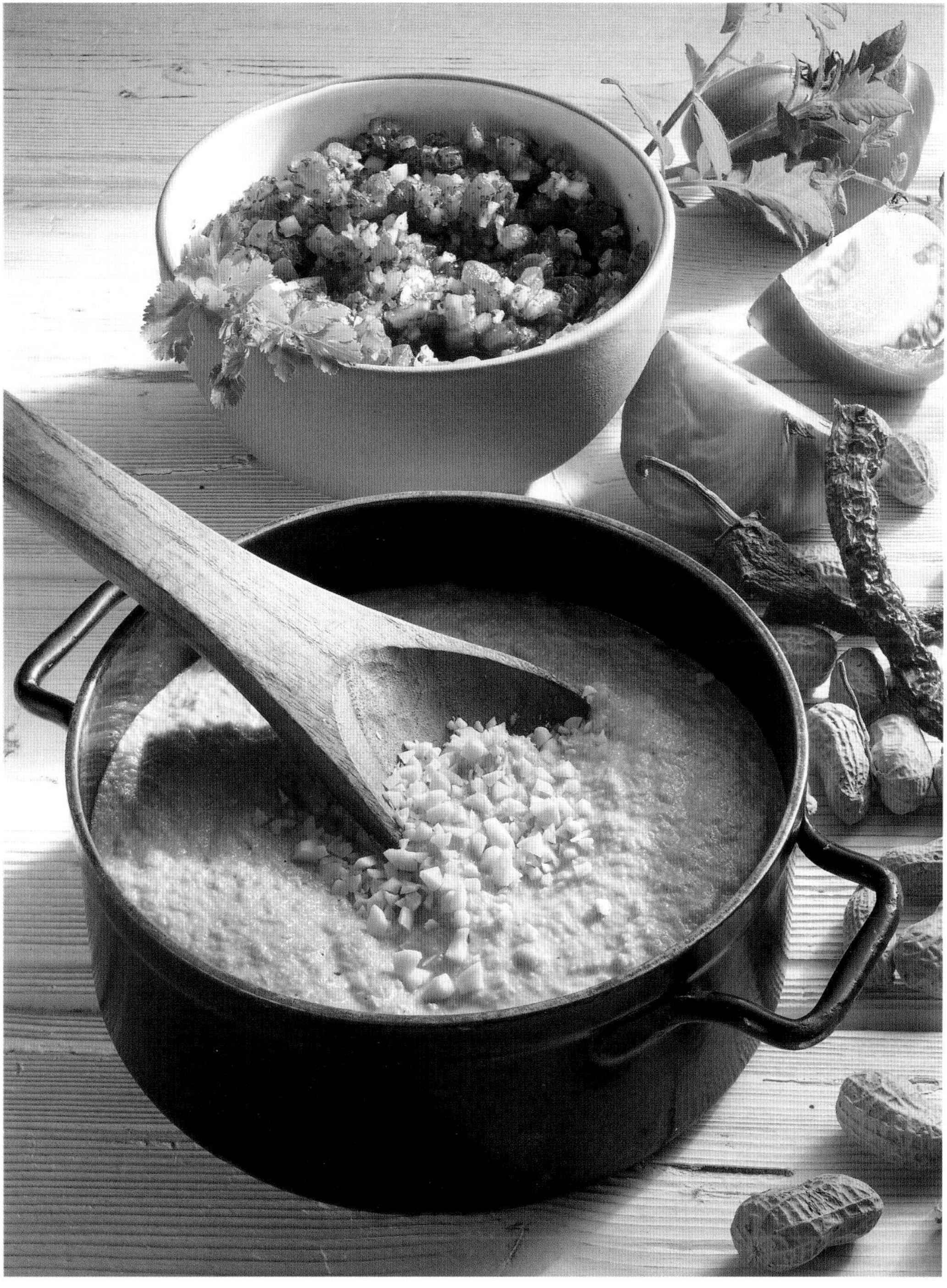

Caldo de pollo con aguacate

Sopa de pollo con aguacate

Ingredientes para 4 personas:
1 litro de caldo de pollo
2 pechugas de pollo
1 cebolla pequeña
1 chile rojo (guindilla)
1 aguacate maduro
Zumo de limón
1 manojo de cilantro
(o de perejil)
Sal, pimienta negra

Refinada

Cada porción:
960 kj/230 kcal · 25 g de proteínas · 14 g de grasa · 1 g de hidratos de carbono

• Tiempo de preparación:
35 minutos

1. Caliente el caldo de pollo hasta que hierva, y deje que las pechugas cuezan a fuego débil, unos 20 minutos.
2. Pele la cebolla, córtela bien menudita y agréguela al caldo.
3. Seccione el chile a lo largo, quítele las semillas, lávelo y córtelo en aritos.
4. Pele el aguacate, córtelo en dos mitades y quítele el hueso. Corte la pulpa en cuñas finas y rocíelas con zumo de limón, para que no cambien de color.
5. Saque las pechugas del caldo de cocción y córtelas a lo

largo en tiritas estrechas. Cueza durante 5 minutos -en el mismo caldo- los aros de chile.
6. Lave el cilantro, escúrralo y pique las hojas. Distribuya la carne y las cuñas de aguacate en cuatro platos soperos. Salpimiente a su gusto el caldo y, mientras aún está hirviendo, y échelo por encima.

Sopa a la veracruzana

Ingredientes para 4 personas:
600 g de dorada en filetes
Zumo de limón
Sal, pimienta negra
1 cebolla pequeña
2 dientes de ajo prensados
3 zanahorias (unos 200 g)
1 patata (papa) grande (de unos 200 g)
3 cucharadas de aceite de oliva
3 tomates (jitomates)
3 cucharaditas de alcaparras
10 aceitunas verdes sin hueso
50 g de arroz de grano largo
2 huevos, 1 manojo de perejil

Para invitados

Cada porción:
1600 kj/380 kcal · 34 g de proteínas · 16 g de grasa · 22 g de hidratos de carbono.

• Tiempo de preparación:
1 hora

1. Lave los filetes de pescado,

escúrralos y córtelos en trozos. Rocíelos con zumo de limón, salpimiéntelos y métalos en refrigerador.
2. Pele la cebolla y las cabezas de ajo, y corte la cebolla. Pele las zanahorias, lávelas y rebánelas finamente. Pele la patata, lávela y córtela en cubitos.
3. Caliente el aceite en una olla, rehogue la cebolla y agregue los dientes de ajo. Añada la patata y la zanahoria y deje que se rehogue todo 5 minutos.
4. Escalde los tomates, pélelos y quíteles los rabillos. Corte la pulpa y añádala a las hortalizas rehogadas, junto con las alcaparras y las aceitunas. Eche en la olla 1 litro de agua, salpimiente al gusto y llévelo todo a ebullición. Incorpore entonces el arroz, tape, la olla y déjelo cocer unos 25 minutos, a fuego débil.
5. Cueza los huevos 10 minutos, páselos por agua fría, quíteles la cáscara y córtelos en cubos. Lave el perejil, escúrralo y pique las hojas.
6. Incorpore a la sopa el pescado junto con la mitad del huevo y del perejil picado, y déjelo cocer 5 minutos. Antes de servirla, espolvoree con el huevo y el perejil restantes.

En la parte inferior: Sopa a la veracruzana
En la parte superior: Caldo de pollo con aguacate

Sopa de papas y huevo duro

Puré de patata con huevo duro

Puede tomarse como se prefiera, caliente o frío

Ingredientes para 4 personas:
300 g de patatas (papas) ya cocidas
2 huevos, 1 cebolla pequeña
1 cucharada de aceite de oliva
2 dientes de ajo
3/4 de litro de caldo de carne
Sal, pimienta negra
1 jitomate (tomate) grande
1 manojo de cilantro
(o de perejil)

Económica

Por porción:
590 kj/140 kcal · 7 g de proteínas · 7 g de grasa · 14 g de hidratos de carbono

- Tiempo de preparación: 1 hora

1. Cueza los huevos durante 10 minutos, écheles agua helada y deje que se enfríen.
2. Pele las cebollas y córtelas finamente. Ponga a calentar el aceite en una cazuela y rehóguelas, añadiéndoles en seguida los dientes de ajo pelados y prensados.
3. Lave las patatas cocidas, pélelas e incorpórelas a la cazuela pasándolas por un colador. Eche el caldo de carne por encima, salpimiente el puré al gusto, tape la cazuela y déjelo cocer a fuego débil durante 10 minutos.
4. Escalde el jitomate con agua hirviendo, pélelo y, una vez quitadas las semillas y los rabitos, corte la pulpa en cubos pequeñitos.
5. Lave el cilantro, escúrralo, corte las hojas finamente y mézclelas con el puré.
6. Compruebe la sazón y distribuya el puré en cuatro platos soperos y sírvalos adornados con el huevo y el tomate cortados.

Crema de elote

Crema de maíz

Ingredientes para 4 personas:
1 cebolla
1 cucharada de aceite de oliva
1 tarro de granos de maíz
(285 g una vez escurridos)
3/4 de litro de caldo de ave
Sal, pimienta negra
El zumo de 1/2 limón
1 ramo de cilantro
(o de perejil)

Fácil

Cada porción:
480 kj/110 kcal · 3 g de proteínas · 4 g de grasa · 17 g de hidratos de carbono

- Tiempo de preparación: 1 hora

1. Pele la cebolla y córtela finamente. Caliente el aceite en una cazuela y dore en ella la cebolla.
2. Escurra bien el maíz con un colador incorpore dos terceras partes en la cazuela. Eche por encima el caldo de ave, tape la cazuela y déjelo que hierva durante 20 minutos.
3. A continuación, hágalo puré y páselo por un colador fino. Vuelva a echarlo en la cazuela, añada el resto del maíz cocido y caliéntelo. Sazónelo al gusto con sal, pimienta y el zumo del limón.
4. Lave el de cilantro y escúrralo. Corte las hojas y mézclelas con la crema.

En la parte inferior: Crema de elote
En la parte superior: Sopa de papas y huevo duro

Sopa de lentejas

Lentejas con piña

Un recuerdo «agridulce» del Café «La Opera» de Ciudad de México

Ingredientes para 4 personas:

200 g de lentejas finas

100 g de tocino

1 cucharada de aceite de oliva

1 cebolla mediana

3/4 de litro de caldo de carne

1 patata (papa) de 150 g

Sal

Pimienta negra

1 pizca de polvo de chile

1 minipiña o 1/2 rebanada gruesa de una piña de tamaño normal, fresca

1 limón

Refinada

Cada porción:
1600 kj/380 kcal · 16 g de proteínas · 20 g de grasa · 37 g de hidratos de carbono.

- Tiempo de preparación:
  1 hora y 45 minutos
- Tiempo en remojo de las lentejas: unas 12 horas

1. Cubra las lentejas con agua fría y póngalas a remojo la víspera, durante toda la noche. A la mañana siguiente, corte el tocino en cubos pequeños y fríalos a fuego débil en una cazuela con tapa.

2. Entretanto, pele la cebolla, córtela finamente y rehóguela con el tocino hasta que se dore. Escurra las lentejas con un colador e incorpórelas a la cazuela. Eche por encima el caldo de carne, tape la cazuela y deje que hierva todo durante 45 minutos, a fuego medio.

3. Mientras, pele la cebolla, lávela y córtela en cubos. Hiérvala durante 30 minutos y, a continuación, incorpórelos a la cazuela. Sazónelo todo generosamente con sal, pimienta y chile en polvo. Pele la piña y corte la pulpa en cubos pequeños.

4. Parta el limón en dos mitades y, una vez exprimido el zumo, échelo en la cazuela junto con los cubos de piña y déle un breve hervor. Compruebe si la sazón está a su gusto, y rectifíquela si fuera necesario.

Gazpacho (sopa) de aguacate

El platillo ideal para los días calurosos del verano

Ingredientes para 4 personas:
2 aguacates maduros
2 limones, 1 pepino grande
1 cebolla pequeña
1 manojo de cilantro (puede sustituirse por eneldo o perejil)
1/2 litro de caldo de ave
Sal, pimienta blanca
3 rebanadas de pan de molde o de pan blanco
4 cucharadas de mantequilla
2 dientes de ajo prensados
Pimentón dulce
1 pizca de pimienta de Cayena

Para invitados

Cada porción:
1700 kj/400 kcal · 5 g de proteínas · 38 g de grasa · 13 g de hidratos de carbono

- Tiempo de preparación: 45 minutos
- Tiempo de refrigeración: 2 horas

Sugerencia

También se puede adornar el gazpacho con un copete de crema fresca.

1. Corte por la mitad los aguacates, quíteles la semilla y extraiga la pulpa con ayuda de un cucharita. Córtela toscamente, póngala en el recipiente de su batidora, hágala puré y añádale el zumo de los limones.

2. Pele el pepino y córtelo a lo largo por la mitad. Saque las semillas y trocee la pulpa. Pele la cebolla, córtela en cuartos y vuelva a batir ambos ingredientes junto con el puré de aguacates. Páselo por un colador fino, convirtiéndose así en la base del gazpacho.

3. Lave el cilantro, pique las hojas y mézclelas con el puré. Vierta por encima el caldo de ave, remuévalo bien y sazone el gazpacho con sal y pimienta. Póngalo a enfriar y, entretanto, corte el pan de molde en pequeños cubitos.

4. Caliente la mantequilla y dore el pan. Retírelo y resérvelo. Sofría los dientes de ajo, sazone con sal, pimienta, pimentón y la pimienta de Cayena, viértalo en el gazpacho, remuévalo y dejelo que siga enfriándose. Pasadas 2 horas, sírvalo con el pan frito.

Sopa de hongos

Crema de champiñones

Ingredientes para 4 personas:
2 cucharadas de aceite
500 g de champiñones
Zumo de limón, 1 cebolla
1 chile fresco (pimiento verde)
600 g de jitomates (tomates)
3/4 de litro de caldo de carne
Pimienta negra molida, sal
1 ramo de cilantro o de perejil

Fácil

Cada porción:
400 kj/95 kcal · 6 g de proteínas · 5 g de grasa · 7 g de hidratos de carbono

- Tiempo de preparación: 45 minutos

1. Pele la cebolla y córtela bien finita. Caliente el aceite en una cazuela y dórela.
2. Limpie y lave brevemente los champiñones y escúrralos. Córtelos y rebánelos muy delgados y rocíelos con unas gotas de limón. Incorpórelos a la cebolla y fríalos 5 minutos.
3. Escalde los jitomates con agua hirviendo, pélelos y quíteles las semillas, los rabitos y corte la pulpa. Corte el chile en dos mitades, quite las semillas, lávelas, píquelas y añádalas a la cazuela junto con el jitomate. Eche por encima el caldo de carne, salpimiente y deje hervir todos los ingredientes 5 minutos.
4. Lave el cilantro, escúrralo, corte las hojas y adorne con ellas la crema antes de servirla.

Sopa de frijoles

Sopa de judías pintas

Ingredientes para 4 personas:
250 g de frijoles (judías pintas)
1 hoja de laurel
50 g de tocino rebanado
3 cucharadas de aceite
1 cebolla, 1 diente de ajo
1 jitomate (tomate) (200 g)
1 litro de caldo de carne
Sal, pimienta negra
1 cucharadita de orégano seco
3 ramitas de epazote
(o de toronjil)
2 tortillas (receta página 14)
4 cucharaditas de crema fresca
(nata líquida)
Para adornar:
4 rebanadas de limón

Elaborada

Cada porción:
1760 kj/418 kcal · 17 g de proteínas · 18 g de grasa · 41 g de hidratos de carbono

- Tiempo de preparación: 1 hora y 45 minutos
- Tiempo en remojo: 12 horas

1. Cubra los friloles con agua y póngalos en remojo durante la noche. A la mañana siguiente, escurra el agua y pase los frijoles a una olla. Añádales agua hasta quedar sumergidos, incorpore la hoja de laurel y déjelos hervir 1 hora y 10 minutos. Escúrralos, retire la hoja de laurel y triture los frijoles.
2. Caliente 1 cucharada de aceite en una cazuela y fría en él las rebanadas de tocino. Pele la cebolla, córtela finamente, incorpórelas a la sartén y fríalas hasta que se doren. Pele el diente de ajo, prénselo y añádalo también.
3. Escalde el jitomate con agua hirviendo, pélelo, quítele las semillas y los rabitos y corte la pulpa finamente. Agréguelo a los fríjoles de la cazuela. Eche por encima el caldo de carne, sazónelo con sal, pimienta y el orégano, y déjelo que hierva, a fuego débil, durante 15 minutos.
4. Lave las ramas de epazote, escúrralas, corte las hojas en tiritas finas y mézclelas con los frijoles. Haga otro tanto con las tortillas y fríalas en el resto del aceite.
5. Verifique la sazón y distribuya los frijoles en cuatro platos. Ponga en el centro de cada uno una cucharilla con crema fresca, reparta sobre los frijoles las tiritas de tortilla y sírvalo adornado con una rebanada de limón.

En la parte inferior: Sopa de frijoles
En la parte superior: Sopa de hongos

Estofado de almendras

Ragú de cerdo con almendras

Ingredientes para 4 personas:
1 cebolla grande
2 cucharadas de manteca de cerdo
3 dientes de ajo
100 g de almendras molidas
3 clavos de especia
1/2 rama de canela
1 cucharadita de pimienta
2 jitomates (tomates) (400 g)
750 g de pescuezo de cerdo
2 cucharadas de alcaparras
100 g de aceitunas verdes, deshuesadas
3 chiles en conserva (o guindillas picantes)
1/2 taza de caldo de carne
Sal, pimienta negra

Refinada

Cada porción:
2800 kj/670 kcal · 41 g de proteínas · 52 g de grasa · 8 g de hidratos de carbono

- Tiempo de preparación:
  1 hora 30 minutos

1. Pele la cebolla y píquela tóscamente. Caliente 1 cucharada de la manteca y dore la cebolla. Pele el diente de ajo y añádalo, prensado.
2. Agregue las almendras, el clavo y los granos de pimienta y y la canela, y rehóguelo 10 minutos. Retire de la sartén el clavo y la canela, y haga un puré con el resto.
3. Escalde los jitomates, pélelos, quíteles los rabitos y corte la pulpa toscamente.
4. Trocee la carne en bocaditos. Caliente en una sartén honda el resto de la manteca. Fría en ella, en varias tandas, los trozos de carne y, una vez fritos, páselos a una olla. Eche en ella el puré y añada el aceite de oliva y las alcaparras. Escurra los chiles, córtelos en aros pequeños, mézclelos con el puré y eche por encima el caldo de carne.
5. Tape el ragú y deje que se fría 45 minutos, a fuego medio, removiendo repetidas veces. Por último, antes de servirlo, verifique la sazón.

Chuletas de cerdo con frijoles

Chuletas de cerdo con judías

Ingredientes para 4 personas:
1 cebolla, 1 pimiento verde
2 cucharadas de aceite de oliva
2 dientes de ajo
1 lata de de frijoles rojos
1/4 taza de caldo de carne
Sal, pimienta negra
Tabasco, 4 chuletas de cerdo
50 g de queso Cheddar rallado

Rápida

Cada porción:
1900 kj/450 kcal · 3 g de proteínas · 25 g de grasa · 23 g de hidratos de carbono

- Tiempo de preparación:
  35 minutos

1. Pele la cebolla y córtela finamente. Corte el pimiento en dos mitades, quite las semillas, lávelos, escúrralos y córtelos en cubitos pequeños. Caliente en una sartén aceite de oliva y rehogue ambos ingredientes.
2. Pele el ajo, prénselo y añádalo también.
3. Escurra el líquido de los frijoles y lávelos con agua fría. Incorpórelos a la sartén y vierta el caldo de carne. Remuévalo bien, sazónelo con sal, pimienta y unas gotas de Tabasco. Tape la sartén y déjelo cocer, a fuego débil, 15 minutos.
4. Lave las chuletas, séquelas y espolvoréelas con pimienta por ambas caras. Caliente el resto del aceite de oliva y fría en el las chuletas durante 8 o 10 minutos, dándoles la vuelta una vez y salándolas al final.
5. Presente las chuletas en los platos precalentados, cúbralas con los frijoles, espolvoréelas con el queso rallado y sírvalas.

En la parte superior: Estofado de almendras
En la parte inferior: Chuletas con frijoles

Carnitas

Asado de cerdo a la mexicana

Ingredientes para 4 personas:
1 kg de paletilla de cerdo
1 cebolla grande, sal
1 cucharada de granos
de cilantro o perejil
1 cucharadita de comino
1 cucharadita de orégano
2 chiles (guindillas) secos
2 hojas de laurel
1/2 litro de caldo de carne

Fácil

Cada porción:
2300 kj/550 kcal · 47 g de proteínas · 39 g de grasa · 1 g de hidratos de carbono.

- Tiempo de preparación:
  1 hora y media

1. Lave la carne con agua fría y póngala en un asador.
2. Pele la cebolla, córtela en cuartos e incorpórela al asador con los granos de cilantro, el comino, el orégano, sal, el chile y las hojas de laurel. Eche el caldo hasta que cubra la carne.
3. Tape el asador, y cueza la carne durante 1 hora, a fuego débil, dándole vuelta una vez.
4. Caliente el horno a 250 °C. Saque la carne del caldo y escúrrala. Colóquela en la bandeja del horno y deje que se ase 20 o 25 minutos, hasta que esté crujiente.
5. Hierva el caldo del asador,

destapado unos 10 minutos. cuélelo y rectifique la sazón.
6. Rebane la carne, presente una rebanada en cada plato y rocíela con el caldo. De guarnición: patatas cocidas y hortalizas.

Pastel casero a la mexicana

Albondigón con chorizo

Ingredientes para 4 personas:
1 pimiento rojo pequeño
2 cucharadas de aceite de oliva
500 g de carne picada (molida)
250 g de chorizo
50 g de aceitunas verdes
deshuesadas
4 cucharadas de harina
de maíz
Sal, pimienta negra
1 pizca de comino, 1 cebolla
1 pizca de polvo de chile
(guindilla)
1 cucharadita de orégano
2 aguacates, zumo de limón

Económica

Cada porción:
3800 kj/900 kcal · 36 g de proteínas · 83 g de grasa · 6 g de hidratos de carbono

- Tiempo de preparación:
  1 hora y media

1. Pele la cebolla y córtela. Corte el pimiento en dos, quite

las semillas, lávelo, escúrralo y córtelo. Caliente en la sartén 1 cucharada de aceite y rehogue el pimiento.
2. Caliente el horno a 200 °C. Ponga en un recipiente la carne picada. Quite la piel del chorizo, desbarátelo y mézclelo con la carne. Corte las aceitunas y añádalas a la mezcla. Espolvoréela con la harina y una todo trabajándolo con las manos y sazonándolo con sal y pimienta, comino, el chile y el orégano.
3. Configure el albondigón como un pan alargado, caliente en un asador el resto del aceite, póngalo en él e introdúzcalo en el centro del horno 1 hora.
4. Unos 10 minutos antes de sacarlo del horno, y rebanarlo, pele los aguacates, córtelos a lo largo y quíteles el hueso. Corte la pulpa en cuñas y rocíelas con un poco de zumo de limón, para que no pierdan color. Distribuya las rebanadas del albondigón en los 4 platos y sírvalos con las cuñas de aguacate.

Variante:

En lugar de chorizo, puede elaborarse la receta a base de carne picada, champiñones rehogados y harina de maíz.

En la parte superior: Carnitas
En la parte inferior: Pastel casero
a la mexicana

Lomo
en cacahuate

Lomo de cerdo con cacahuetes

Una singular combinación de ingredientes para paladares europeos

Ingredientes para 4 personas:
800 g de lomo de cerdo
1 pizca de pimienta de Cayena
3 cucharadas de aceite de oliva
Sal, pimienta negra
100 g de cacahuates sin sal
y tostados (cacahuetes)
1 cebolla mediana
1 jitomate (tomates) (250 g)
12 aceitunas negras sin hueso
2 clavos de especia
1/2 rama de azafrán
350 ml de caldo de carne
400 g de patatas (papas)
pequeñitas
1 rebanada de 100 g de tocino
1 cucharada de mantequilla
1 ramo de cilantro o de perejil

Para invitados

Cada porción:
3400 kj/810 kcal · 54 g de proteínas · 57 g de grasa · 21 g de hidratos de carbono

- Tiempo de preparación:
  1 hora y 20 minutos

1. Quite la piel y los trozos de grasa del lomo de cerdo, lávelo y escúrralo. Espolvoree con pimienta de Cayena. Caliente el aceite en un asador y fría la carne a fuego fuerte. A continuación, salpiméntela, sáquela y manténgala tapada en un lugar caliente.

2. Ponga los cacahuetes en el asador y dórelos en el resto de la grasa en que frió la carne.

3. Pele la cebolla y córtela finamente. Escalde el jitomate con agua hirviendo, pélelo, desgránelo y quítele el rabito. Luego corte la pulpa y añádala a los cacahuetes junto con la cebolla.

4. Pique las aceitunas y agréguelas también al asador, junto con el clavo y la canela. Salpiméntelo todo y vierta por encima el caldo de carne. A continuación, con el asador destapado, déjelo que cueza durante 10 minutos.

5. Incorpore la carne de nuevo en el asador, junto con la salsa, tápelo y déjela cocer durante 45 minutos.

Variante:
Si desea acortar el tiempo de cocción, prepare el lomo rebanado previamente en filetes gruesos. De este modo podrá asarlos en 25 o 30 minutos.

6. Entretanto, cubra con agua las patatas y cuézalas durante 20 minutos. Luego deje que se enfríen un poco y pélalas.

Sugerencia

También puede utilizar cacahuetes salados, ya tostados, en cuyo caso deberá reducir en proporción la cantidad de sal.

7. Corte el tocino en cubitos. Caliente la mantequilla en una sartén y fría en ella los cubitos. Eche encima las patatas. Lave el cilantro o el perejil, escúrralo, corte las hojas finamente y espolvoréelas sobre las patatas.

8. Saque la carne del caldo y rebánela en trozos gruesos. Verifique la sazón y corríjala si es necesario, a su gusto con sal y pimienta. Finalmente sírvala junto con las patatas como guarnición.

Puntas de filete a la mexicana

Solomillo adobado y asado en tiras a la mexicana

Ingredientes para 4 personas:
600 g de carne de res
1 cebolla, 1 diente de ajo
2 o 3 jitomates (tomates)
4 chiles verdes (pimiento verde)
2 cucharadas de aceite
1 cucharadita de vinagre
Sal, pimienta negra
1 ramo de cilantro o perejil

Algo cara

Cada porción:
990 kj/240 kcal · 30 g de proteínas · 11 g de grasa · 5 g de hidratos de carbono

• Tiempo de preparación:
1 hora

1. Corte la carne en filetes y luego en tiras estrechas.
2. Pele la cebolla y el diente de ajo, y corte la primera finamente. Escalde los jitomates con agua hirviendo. Pélelos, quíteles las semillas y los rabitos, y corte la pulpa toscamente.
3. Haga un incisión a lo largo de los chiles, desgránelos, lávelos y córtelos en tiras.
4. Caliente el aceite en una sartén honda, hasta que empiece a hervir y fría la carne, en varias tandas, sacándolas cuando estén bien hechas.
5. Rehogue las cebollas en el aceite junto con el tomate y el chile y añada el chile prensado. Sazone con vinagre, sal y pimienta y hierva todo durante 10 minutos, a fuego medio.
6. Mezcle la carne con la salsa y el jugo que haya desprendido y caliéntela durante 5 minutos.
7. Lave el cilantro, escúrralo, corte las hojas y mézclelas con la carne.

Carne de res en adobo

Ragú de buey al chocolate

En la cocina mexicana forma parte de sabrosas recetas

Ingredientes para 4 personas:
2 pimientos morrones rojos
1 jitomate (tomate) grande
2 dientes de ajo, 1 cebolla
50 g de chocolate semidulce
3 cucharadas de vinagre
3 cucharadas de aceite
800 g de gulash (carne de novillo troceada grande)
Sal, 1 taza de caldo de carne
2 clavos de especia
1/2 rama de canela
2 zanahorias grandes
1 patata (papa) grande

Elaborada

Cada porción:
2000 kj/480 kcal · 43 g de proteínas · 23 g de grasa · 22 g de hidratos de carbono

• Tiempo de preparación:
2 horas y 15 minutos

1. Caliente el horno a 250 °C. Ase el pimiento morrón en la parrilla central del horno 20 minutos. Sáquelo del horno, córtelo en dos mitades, pélelo, quite las semillas y trocéelo.
2. Entre tanto, escalde el jitomate con agua hirviendo, córtelo a la mitad, quítele las semillas y el rabito y corte la pulpa. Pele el diente de ajo y la cebolla y corte ésta en cuartos. Trocee el chocolate y haga en la batidora un puré (es decir el «adobo») con todos estos ingredientes, más el vinagre.
3. Caliente el aceite y fría la carne en varias tandas. Añada al adobo el caldo, el clavo y la canela. Tape la olla y deje que hierva todo durante 50 minutos.
4. Pele y lave la patata y las zanahorias. Corte éstas a lo largo, en cuartos y luego córtelas. Corte la patata en cubos, añada ambas hortalizas a la carne y cuézala 15 minutos. Retire el clavo y la canela y verifique la sazón.

En la parte inferior: Puntas de filete a la mexicana
En la parte superior: Carne de res en adobo

Chile con carne

Judías pintas con carne picada

Un típico «Tex-Mex» para fiestas

Ingredientes para 4 personas:
500 g de frijoles (judías pintas)
Sal, 1 pimiento rojo grande
1 patata (papa) grande
2 dientes de ajo ya prensados
2 cucharadas de aceite de oliva
500 g de carne de buey picada (molida)
1 cucharadita de chile (guindilla) molido
1 cucharadita de comino
1 cucharadita de orégano
1 lata grande de tomates (jitomates) pelados (800 g)
1/2 litro de caldo de carne
1 ramo de cilantro o de perejil

Receta famosa

Cada porción:
2100 kj/500 kcal · 38 g de proteínas · 16 g de grasa · 46 granos de hidratos de carbono

- Tiempo de preparación: 1 hora y 30 minutos
- Tiempo en remojo: 12 horas

1. Deje en remojo los frijoles toda la noche. Al día siguiente, escúrralos y cuézalos 1 hora en agua con sal y escúrralas.
2. Limpie el pimiento, quite las semillas y córtelo. Pele la cebolla y córtela.
3. Caliente el aceite en una cazuela y fría la carne 5 minutos, removiéndola. Mezcle el pimiento y la cebolla. Añada el ajo y déjela cocer 5 minutos, removiéndola cada poco.
4. Sazone la carne con sal, chile en polvo, el comino y el orégano. Aplaste los tomates con el zumo. Incorpore las legumbres y cuézalo todo 15 minutos, con la cazuela destapada y removiendo constantemente.
5. Lave el cilantro, escúrralo y corte las hojas. Mézclelas con el chile y verifique la sazón. Sírvalo con pan.

Caldo de indianilla

Potaje de pollo con garbanzos y arroz

Ingredientes para 4 personas:
250 g de garbanzos
4 dientes de ajo
2 zanahorias (unos 200 g)
4 muslos de pollo (800 g)
100 g de arroz
2 chiles (guindillas)
Sal, pimienta negra
El zumo de 1 limón
1 ramo de cilantro o de perejil
1 cebolla pequeña

Económica

Cada porción:
1900 kj/450 kcal · 46 g de proteínas · 8 g de grasa · 52 g de hidratos de carbono

- Tiempo de preparación: 1 hora y media
- Tiempo en remojo: 12 horas

1. Deje en remojo los garbanzos durante la noche y escúrralos a la mañana siguiente.
2. Pele los dientes de ajo. Ponga los garbanzos en una olla con uno de los ajos, y cúbralos con agua. Llévelos a ebullición y, con la olla tapada, déjelos cocer 45 minutos hasta que se ablanden.
3. Mientas, pele y rebane las zanahorias y cuando los garbanzos lleven cociendo ya 15 minutos, destape la olla y añada los muslos de pollo y el arroz. Vuelva a tapar la olla y deje que siga cociendo todo 30 minutos más.
4. Saque los muslos del caldo, quíteles los huesos y trocee la carne. Incorpórelos a la olla y añada el resto de los ajos, prensados.
5. Sazone el potaje con sal, pimienta y el jugo de limón, y caliéntelo. Lave el cilantro, escúrralo, corte las hojas y añádalas. Pele la cebolla, córtela finamente y distribúyala por encima de cada platillo antes de servirlos.

En la parte inferior: Caldo de indianilla
En la parte superior: Chile con carne

Pollo con piña

Pollo con piña y pimientos

Receta originaria de la región de Oaxaca, al sur de México

Ingredientes para 4 personas:
1 pollo de unos 1200 g
1 cebolla, 2 dientes de ajo
1 pimiento verde y 1 rojo
1 piña mediana
2 cucharadas de aceite
Sal, pimienta negra
2 clavos de especia
1 hoja de laurel
1/2 rama de canela
1 ramita de tomillo
1/4 de litro de caldo de ave

Refinada

Cada porción:
1800 kj/430 kcal · 43 g de proteínas · 16 g de grasa · 31 g de hidratos de carbono

• Tiempo de preparación:
1 hora y 15 minutos

1. Lave el pollo con agua fría, escúrralo y hágalo porciones.
2. Pele los dientes de ajo y la cebolla, y corte ésta finamente.
3. Corte los pimientos por la mitad, quite las semillas, lávelos y córtelos en cubos. Pele la piña, córtela en cuartos y quítele las partes duras. Corte la pulpa en bocaditos y mézclelos con los cubos de pimiento.
4. Caliente el horno a 200 °C. Caliente el aceite en un asador

y dore bien el pollo por todos los lados. Salpiméntelo y retírelo del asador.
5. Rehogue la cebolla, en la grasa restante, hasta que se dore, y añádale los dientes de ajo prensados. Incorpore la mezcla de piña y pimientos y salpimiente. Añada el clavo y el tomillo y vierta el caldo de ave.
6. Disponga los trocitos de pollo sobre la mezcla de verduras y, en un asador destapado colocado en el centro del horno, deje que se haga durante unos 30 minutos. Como guarnición: ensalada de patata.

Pechugas en nogada

Supremas de pollo en salsa de nuez

Ingredientes para 4 personas:
2 pimientos rojos (unos 200 g)
1/4 de litro de caldo de pollo
4 pechugas de pollo en filetes (de unos 180 g cada una)
100 g de nueces sin cáscara
100 g de crema fresca (nata líquida)
100 g de queso fresco graso
Sal, pimienta negra

Para invitados

Cada porción:
2300 kj/550 kcal · 49 g de proteínas · 35 g de grasa · 6 g de hidratos de carbono

• Tiempo de preparación:
40 minutos

1. Caliente el horno a 250 °C. Ponga los pimientos en un recipiente refractario y áselos en la parte central del horno durante unos 20 minutos, hasta que la piel comience a abrirse. Déjelos enfriar, córtelos a la mitad, quite las semillas, quíteles la piel y córtelos en tiras estrechas.
2. Hierva el caldo en una cazuela y cueza en él los filetes de las pechugas de pollo, a fuego medio, 20 minutos.
3. Entretanto, muela las nueces y póngalas en una fuente refractaria junto con la crema fresca y el queso, y mézclelo todo. Según la consistencia que desee añada más o menos caldo, y luego salpiméntelo al gusto.
4. Saque los filetes de pollo del caldo y escúrralos. Preséntelos en un recipiente adornados con la salsa de nuez y las tiras de pimiento. Como guarnición: arroz blanco.

En la parte superior: Pollo con piña
En la parte inferior: Pechugas en nogada

Camarones a la mexicana

Camarones con tomate y especias

Ingredientes para 4 personas:
1 cebolla grande
4 cucharadas de aceite
3 dientes de ajo ya prensados
600 g de jitomates (tomates)
1 chile (guindilla) verde
Sal, pimienta negra
1 hojas de laurel
1 cucharadita de tomillo
1 ramo de cilantro o de perejil
8 o 12 colas de camarones (gambas) frescas, con cáscara
Zumo de limón

Algo cara

Cada porción:
890 kj/210 kcal · 25 g de proteínas · 10 g de grasa · 7 g de hidratos de carbono

- Tiempo de preparación: 40 minutos

1. Pele y corte la cebolla y rehóguela en una sartén alta con dos cucharadas de aceite. Añádale los dientes de ajo.
2. Escalde los tomates, pélelos, quíteles las semillas y los rabitos y corte la pulpa finamente. Haga una incisión a lo largo del chile verde, quite la semillas, lávelo y, una vez cortado en tiras, incorpórelo al tomate y la cebolla.

3. Salpimiente la mezcla y añádale la hoja de laurel y el tomillo. Cuézalo todo durante unos 10 minutos, hasta que se evapore casi todo el líquido.
4. Lave el cilantro o el perejil, escúrralo, corte las hojas y mézclelas con el tomate.
5. Quite la cáscara de las colas de camarón, hágalas una incisión por la parte inferior y elimine la tripa negra. Rocíelas con un poco de limón. Caliente el resto del aceite en una sartén aparte, y fría en él en las colas durante 3 o 5 minutos, a fuego fuerte, dando vuelta una vez.
6. Extienda la salsa de tomate sobre las colas y sírvalas con arroz o patatas como guarnición.

Pez espada

Pez espada al horno

Receta procedente de Baja California, en la costa del Pacífico

Ingredientes para 4 personas:
4 cebolletas (cebolla con rabo)
1 ramo de cilantro o de perejil
2 jitomates (tomates) grandes
3 cucharadas de aceite de oliva
Sal, pimienta negra, 1 limón
4 filetes de pez espada de 200 g cada uno
Aceite para el molde

Selecta

Cada porción:
1000 kj/240 kcal · 37 g de proteínas · 8 g de grasa · 7 g de hidratos de carbono

- Tiempo de preparación: 40 minutos

1. Limpie y lave las cebolletas, y rebánelas en aros estrechos. Lave el cilantro, escúrralo y corte las hojas finamente.
2. Escalde los jitomates, pélelos, quíteles las semillas y los rabitos, y pique la pulpa. Corte a la mitad los limones y exprímalos.
3. Caliente el horno a 200 °C.
4. Mezcle en una fuente la cebolleta, el cilantro, el zumo de limón y el aceite de oliva, y salpimienta la mezcla.
5. Barnice con el aceite el molde, o 4 molde individuales. Lave con agua fría los filetes de pez espada, escúrralos, salpimiéntelos y colóquelos en su interior. Distribuya la salsa de verdura sobre el pescado, colóquelo en el centro del horno y déjelo 15 o 20 minutos hasta que quede bien cocido.

En la parte superior: Pez espada
En la parte inferior: Camarones a la mexicana

Bacalao a la tampiqueña

Bacalao con pimientos
y aceitunas

Ingredientes para 4 personas:
1 kg de bacalao
3 pimientos rojos, medianos
1 cebolla, 6 dientes de ajo
3 cucharadas de aceite de oliva
2 chiles (guindilla)
Pimienta negra

Receta famosa

Cada porción:
3800 kj/900 kcal · 200 g de
proteínas · 11 g de grasa · 6 g
de hidratos de carbono

- Tiempo de preparación:
  1 hora y 10 minutos
- Tiempo en remojo: 24 horas

1. Ponga a remojo el bacalao
durante 24 horas en abundante
agua fría, renovando el agua
varias veces.
2. Caliente el horno a 250 °C.
Ponga los pimientos en la
parrilla del centro del horno y
áselos 20 minutos, hasta que la
piel empiece a agrietarse.
Sáquelos del horno, córtelos a
la mitad, quite las semillas,
pélelo y córtelos en tiras.
3. Pele la cebolla y córtela
finamente. Caliente el aceite en
una sartén grande y rehogue en
ella la cebolla cortada hasta
que se dore. Pele los dientes de
ajo, prénselos y añádalos.

4. Haga una incisión a lo largo
de los chiles, quite las semillas,
lávelos y rebánelos en aros.
Añádalos a la sartén junto con
los pimientos. Eche por encima
una taza de agua y rehóguelos
unos 5 minutos.
5. Con la batidora, haga puré
todo el contenido del sartén,
cueza la salsa y salpimiente al
gusto.
6. Aclare el bacalao, quítele las
espinas, si es necesario, y
córtelo en bocaditos. Incorpore
los trozos de bacalao a la
salsa, y déjelos, cuézalo a
fuego medio, durante 6 o 8
minutos y, a continuación,
sírvalos con la salsa y unas
tortillas.

Huachinango a la veracruzana

Dorada a la veracruzana

Ingredientes para 4 personas:
2 cucharadas de aceite de oliva
2 jitomates (tomates) grandes
50 g de aceitunas verdes,
deshuesadas
2 cucharadas de alcaparras
3 chiles en conserva (guindillas)
Sal, pimienta negra, 1 cebolla
1 dorada (huachinango) de
unos 800 g, en filetes (o 4
porciones de róbalo de 180 g
cada una)
Zumo de limón

Para invitados

Cada porción:
1200 kj/290 kcal · 38 g de
proteínas · 13 g de grasa · 5 g
de hidratos de carbono

- Tiempo de preparación:
  1 hora

1. Pele la cebolla y córtela
finamente. Caliente el aceite en
una sartén y dore la cebolla.
2. Escalde los jitomates con
agua hirviendo, pélelos y
quíteles los rabitos. Haga una
salsa con la pulpa en la
batidora, y pásela por un
colador. Corte las aceitunas por
la mitad y mézclelas en una
cazuela con las alcaparras y el
puré de jitomates. Corte los
chiles en aros e incorpórelos a
la mezcla.
3. Cueza la salsa, con la
cazuela destapada, durante 5
minutos hasta que espese y
luego sazónela con sal y
abundante pimienta.
4. Lave el pescado, escúrralo,
rocíelo con zumo de limón y
salpiméntelo. Incorpórelo a la
salsa y déjelo cocer, a fuego
débil, durante 6 minutos.

En la parte superior: Huachinango
a la veracruzana
En la parte inferior: Bacalao
a la tampiqueña

Róbalo en salsa de almendra

Gratinado de robalo con salsa de almendra

Aunque la preparación del gratinado es sencilla, el secreto de su exquisito sabor está en función de la refinada combinación de los ingredientes

Ingredientes para 4 personas:
4 róbalos en filetes (unos 200 g)
1 limón
Sal, pimienta negra
100 g de almendras sin pelar
1 diente de ajo, 1 chile verde
6 cucharadas de crema fresca (nata líquida)
2 cucharadas de aceite
100 g de queso de oveja
Aceite para el molde

Para invitados

Cada porción:
2500 kj/600 kcal · 45 g de proteínas · 43 g de grasa · 4 g de hidratos de carbono

• Tiempo de preparación:
1 hora 15 minutos

1. Lave los filetes de róbalo con agua fría y escúrralos. Exprima el limón y rocíe el pescado con su jugo por ambos. Salpimiéntelos, tápelos y déjelos en el refrigerador durante 30 minutos.

2. Escalde las almendras y separe la piel. Pele el diente de ajo. Corte el chile por la mitad, quite las semillas, lávelo y hágalo puré, con la batidora, junto con las almendras y la crema fresca. Salpimiéntelo al gusto.

3. Caliente el horno a 200 °C. Caliente el aceite en una sartén y fría brevemente el pescado por ambos lados. Barnice con aceite un molde de gratinar, incorporé en él los filetes y distribuya por encima la salsa de almendras.

4. Ralle el queso directamene sobre la salsa. Introduzca el molde en el centro del horno y déjelo dentro durante 10 minutos, hasta que el queso se funda ligeramente y comience a dorarse.

Ceviche

Caballa en escabeche

Bien frío, resulta especialmente
sabroso y refrescante en los días
calurosos del verano

Ingredientes para 4 personas:
2 caballas, de unos 500 g
frescas y limpias
Sal, 6 limones
1 cucharada de vinagre
1 cucharadita de orégano
2 cucharadas de aceite de oliva
2 tomates (jitomates)
2 cebollas
2 aguacates maduros

Refinada

Cada porción:
2900 kj/690 kcal · 41 g de
proteínas · 55 g de grasa · 9 g
de hidratos de carbono

- Tiempo de preparación:
  1 hora
- Tiempo de escabeche:
  3 horas

Sugerencia

Este platillo resulta también
muy sabroso como entremés
de un ligero menú estival.

1. Pele el pescado y separe los
filetes de la espina central y
córtelos en cubitos. Póngalos en
un recipiente y sazónelos con
sal. Exprima 5 limones y eche el
zumo por encima del pescado,
mézclelo bien, tápelo y déjelo
3 horas en el refrigerador.

2. Haga una incisión a lo largo
de los chiles, quite las semillas y
lávelos. Córtelos finamente y
mézclelos con el vinagre, el
orégano y el aceite. Escalde los
tomates, pélelos, quíteles las
semillas y los rabitos y corte la
pulpa en cubos pequeños.

3. Pele las cebollas, corte una
de ellas y mézclela con el
tomate. Luego corte la otra en
aros finos. Saque el pescado
del refrigerador, póngalo en un
recipiente con la salsa de
tomate, cebolla y chile, y
preséntelo en un plato.

4. Exprima el limón restante.
Pele los aguacates, córtelos a lo
largo por la mitad, quíteles el
hueso y corte la pulpa en cuñas.
Rocíelas con el zumo de limón y
sirva el ceviche con los aros de
cebolla alrededor del
escabeche en cubos.

Plátanos al horno

Plátanos gratinados

Ingredientes para 4 personas:
5 plátanos, 1 limón
2 cucharadas de mantequilla
100 g de piloncillo o azúcar
moreno
100 gramos de nueces picadas
4 clara de huevo
1 pizca de sal

Para invitados

Cada porción:
1400 kj/330 kcal · 7 g de
proteínas · 15 g de grasa · 46
g de hidratos de carbono

• Tiempo de preparación:
  1 hora

1. Pele los plátanos, córtelos a
lo largo y luego en dos mitades
transversales. Lave los limones
con agua hirviendo, séquelos,
ralle la cáscara y resérvela.
Exprima la pulpa y rocíe los
plátanos con el zumo.
2. Caliente el horno a 200 °C.
Barnice con la mantequilla un
molde refractario y distribuya
por encima el resto de la
mantequilla en copos. Luego
espolvorée los plátanos con 1
cucharada de piloncillo, o
azúcar moreno, y la mitad de
las nueces.
3. Pulverice el azúcar restante.
Eche la mitad en la batidora,
añada las claras de huevo y

bátalo todo a punto de nieve.
Añada el resto del azúcar y
mézclelo con una batidora de
mano. Añada el resto de las
nueces y extienda el batido
sobre los plátanos.
4. Introduzca el molde en el
centro del horno y déjelo 20
minutos hasta que los plátanos
se gratinen, y cuando se doren,
sírvalos espolvoreados con la
ralladura de limón.

Cocada

Pastel de coco al jerez

Ingredientes para 4 personas:
1 coco, 1/4 de litro de leche
125 g de crema (nata líquida)
125 g de azúcar
3 yemas de huevo
6 cl de jerez al gusto
Aceite para barnizar el molde
Mitades de almendras peladas
y trocitos de canela

Elaborada

Cada porción:
2300 kj/550 kcal · 8 g de
proteínas · 39 g de grasa · 38
g de hidratos de carbono

• Tiempo de preparación:
  1 hora y 45 minutos

1. Quite los «ojos» del coco con
un sacacorchos y vacíe el
líquido de su interior. Rompa el
cascarón con un martillo,
colocando debajo un trapo

para que no se resbale.
2. Desprenda el fruto y quítele
la piel con un chuchillo afilado.
Lave el fruto extraído, séquelo y
rállelo groseramente.
3. Lleve a ebullición en una olla
la leche con la crema y el
azúcar. Añada el coco rallado y
deje que hierva 30 minutos.
4. Retire la olla del fuego y
bata las yemas una a una.
Remueva la crema a fuego
débil, o al baño maría hasta
que espese. Déjala enfriar un
poco y añádale jerez, al gusto.
5. Caliente el horno a 250 °C.
Barnice con mantequilla un
molde refractario, llénelo con la
masa de coco y extiéndala
uniformemente. Con ayuda de
un cuchillo, haga unas muescas
cuadradas y coloque en cada
cuadro media almendra y un
trocito de canela.
6. Coloque las placas de
cocada en la parte central del
horno y déjelas durante 10
minutos para que se gratinen.
Una vez sacada del horno,
córtela y sírvala.

Sugerencia

Bien fría, la leche de coco es
una excelente bebida
refrescante.

En la parte inferior: Cocada
En la parte superior: Plátanos
al horno

Piña dorada

Ingredientes para 4 personas:

1 piña grande, madura

2 cucharadas de piloncillo
o azúcar moreno

50 g de mantequilla

2 cucharadas de ron

Para la crema: 200 g de crema
de leche (nata)

2 cucharadas de azúcar

1 huevo, 2 yemas (aparte)

2 cucharadas de fécula

1 cucharadita de de vainilla

1 pizca de sal

Fácil

Cada porción:
2100 kj/500 kcal · 8 g de
proteínas · 33 g de grasa · 45
g de hidratos de carbono

- Tiempo de preparación:
  1 hora

1. Caliente el horno a 200 °C.
Lave y seque la piña, corte la
tapa superior. Desprenda el
fruto y extráigalo con una
cuchara, procurando no romper
el cascarón. Quite las partes
lechosas y corte el resto fino.
2. Ponga en un recipiente el
azúcar y los trozos de piña.
Corte la mantequilla en cubitos
y mézclala con el ron. Rellene la
piña y colóquela en un molde
refractario en la parte inferior
del horno y déjela 30 minutos.
3. Prepare la crema con la
nata, el azúcar, el huevo y las
yemas. Bata la fécula con un
poco de agua fría y añádala
con el azúcar de vainilla y la
sal. Cuézalo todo lentamente,
sin dejar de remover, durante
30 o 35 minutos, hasta que la
crema espese y déjela enfriar.
4. Eche un poco de crema
sobre la piña y sírvala, con el
resto de la crema aparte.

Nieve de limón

Helado de limón

Ingredientes para 4 personas:

6 hojas de gelatina blanca

3 limones, 50 g de azúcar

2 claras de huevo

Refinada

Cada porción:
360 kj/86 kcal · 5 g de
proteínas · 0 g de grasa · 16 g
de hidratos de carbono

- Tiempo de preparación:
  1 hora
- Tiempo de refrigeración:
  3 horas

1. Ablande la gelatina en agua
fría y déjela reposar 15 minutos
2. Entretanto, cepille a fondo 1
limón con agua caliente,
séquelo y ralle finamente la
cáscara. Luego exprima éste y
los demás limones.
3. Caliente 1/4 de litro de agua
junto con el azúcar hasta que
se derrita. Prense la gelatina
ablandada y disuélvala en el
almíbar. Añada el zumo de los
limones y tres cuartas partes de
la cáscara rallada. Deje la
masa en el refrigerador durante
30 minutos hasta que la
gelatina se solidifique.
4. Mientras tanto, bata las
claras a punto de nieve. Bata
también la gelatina semiespesa
hasta que forme espuma,
añádale las claras batidas y
déjela en el refrigerador durante
15 o 20 minutos, y luego vuelva
a batirla. Póngala a enfriar y
luego vuelva a batirla.
5. Introduzca el merengue en el
refrigerador y déjelo 3 horas
para que se solidifique.
Distribúyalo en recipientes
individuales de postre y
adórnelos con el resto de la
ralladura de limón.

En la parte inferior: Nieve de limón
En la parte superior: Piña dorada

Capirotada

Pastel gratinado de pan
con nueces

Un dulce plato principal para 4
personas o un postre delicioso
para 6 o 8 comensales

Ingredientes para 4 personas:
Para el jarabe: 125 g de
azúcar

1 cucharadita de canela
en polvo

1 taza de leche

Para el gratinado: 50 o 70 g
de mantequilla blanda

10 o 12 rebanadas de pan
blanco (de molde)

100 g de nueces trituradas

100 g de cacahuates
(cacahuetes) sin sal

100 g de pasas negras

300 g de queso Mozzarela

Para el molde: un poquito
de grasa (aceite)

Refinada

Cada porción:
4000 kj/950 kcal · 31 g de
proteínas · 56 g de grasa · 79
g de hidratos de carbono.

- Tiempo de preparación:
  1 hora y 15 minutos

1. Para el jarabe, lleve a
ebullición en una cazuela el
azúcar y 1/4 de litro de agua,
y, removiéndolo continuamente,
déjelo cocer durante 30
minutos. A continuación añádale
el azafrán y la leche.

2. Caliente el horno a 250 °C.
Barnice con una buena capa de
grasa una bandeja del horno.
Distribuya en ella las rebanadas
de pan y extienda sobre ellas el
resto de la mantequilla. Meta la
bandeja en el centro del horno y
deje que el pan se dore,
dándole antes una vuelta.

3. Reduzca la temperatura del
horno a 175 °C. Engrase un
molde refractario. Distribuya en
él la mitad de los panes
tostados y barnícelos con 1/3
del jarabe.

4. Mezcle las nueces, los
cacahuetes y las pasas en un
recipiente y espolvoree la mitad
de la mezcla sobre las
rebanadas de pan.

5. Corte en rebanadas finas el Mozzarella escurrido y distribuya la mitad sobre la mezcla de de frutos secos.

6. Cubra las rebanadas de pan con los trozos restantes de pan y barnícelas como las anteriores con el jarabe. Distribuya la otra mitad de frutos secos sobre ellas y cúbralas con la otra mitad de la mezcla de nueces, cacahuetes y pasas.

7. Introduzca el molde en el centro del horno y déjelos de 30 a 45 minutos hasta que la capirotada quede gratinada y crujiente.

8. Saque la capirotada del horno y sírvala en caliente en el mismo molde, aunque también fría, sabe deliciosa.

Rompope

Licor de café (crema de licor)

Ingredientes para 3/4 de litro:
1 1/2 rama de canela
150 g de piloncillo o azúcar morena
5 cucharadas de café molido, fuerte
1 cucharadita de azúcar de vainilla
6 yemas de huevo
1/4 taza de leche
5 cucharadas de crema o nata de café (10 % de grasa)
1/4 de taza de ron (54 %)

Fácil

En total:
6600 kj/1600 kcal · 25 g de proteínas · 59 g de grasa · 160 g de hidratos de carbono

• Tiempo de preparación:
  45 minutos

1. Caliente en una cazuela 1/4 de litro de agua con la canela y 50 g de azúcar y déjelo hervir 5 minutos. Añada el café, vuelva a calentarlo hasta que hierva y retírelo del fuego. Déjelo reposar unos 3 minutos, cuélelo y deje que se enfríe.
2. Muela en la batidora el resto del azúcar y mézclela con el azúcar de vainilla. Pase la mezcla a un recipiente refractario, con las yemas de huevo y haga una crema clara. Ponga el recipiente al baño

maría y remueva la crema hasta que espese.
3. Saque el recipiente del baño maría. Mezcle la crema con la leche, la nata de café y el ron y añada el café concentrado, con lo que ya está listo el rompope.
4. Lave con agua hirviendo una licorela, séquela y vierta el rompope. Cierre el recipente y consérvelo en el refrigerador.

Sugerencia

Si mantiene el licor en el refrigerador, conservará inalterado su sabor y su aroma hasta 6 meses.

Mango con rompope

Mango con licor de café

Ingredientes para 4 personas:
2 mangos medianos
1/2 rama de canela
200 ml de rompope (ver receta anterior)
50 g de crema de leche (nata líquida)

Para invitados

Cada porción:
1740 kj/417 kcal · 4 g de proteínas · 14 g de grasa · 28 g de hidratos de carbono

• Tiempo de preparación:
  50 minutos

1. Pele los mangos con un pelador de hortalizas y quite la pulpa del centro fibroso, cortándola en cuñas.
2. Coloque las cuñas en una cazuela pequeña y cúbralas con agua, añádales la canela y cuézalo todo 5 minutos. A continuación retire la cazuela del fuego, déjela que se enfríe y luego métala en el refrigerador y déjela 30 minutos.
3. Saque del líquido las cuñas de mango, escúrralas y preséntelas en platos de postre en forma de abanico. Rocíelas con el rompope, decore cada plato con un copete de crema y sírvala de inmediato.

Sugerencia

Según la época del año, este postre puede prepararse también, del mismo modo, con plátano, papaya, piña o con una macedonia.

En la parte inferior: Mango con rompope
En la parte superior: Rompope

Flan de almendras

Pastel de flan de almendras

Ingredientes para 4 personas:
225 g de azúcar
300 g de leche
200 g de crema de leche
(nata líquida)
100 g de almendras peladas
y finamente molidas
6 huevos
Licor de almendras, al gusto

Deliciosa

- Tiempo de preparación:
  1 hora y 45 minutos
- Tiempo de refrigeración:
  2 horas

1. Caliente el horno a 190 °C.
Removiendo continuamente,
disuelva en un cazo 175 g de
azúcar con la cucharada de
agua hasta obtener un caramelo
dorado y fluido. Échelo a
continuación en un molde
refractario en forma de aro (con
orificio central) y balancéelo
hasta que el caramelo cubra
con una capa fina el fondo y las
paredes del mismo.
2. Caliente la leche y la nata en
una cazuela pequeña, añada el
resto del azúcar, remuévalo
todo hasta que se mezcle bien,
y luego deje que se enfríe.
3. Bata en una fuente refractaria
la leche de almendras con 4
cucharadas de azúcar. Añada
la masa, poco a poco, a la
leche de almendra, agitándola
bien y, si desea intensificar su
sabor, agréguele un poquito de
licor de almendra.
4. Vierta la mezcla en el molde
y colóquelo en el centro del
horno, en una bandeja con 2 o
3 cm de agua hirviendo.
5. Déjelo dentro del horno unos
35 o 40 minutos, cubriéndolo
con papel de aluminio si ve que
se oscurece demasiado. A
continuación, sáquelo del horno
y déjelo enfriar durante 2 horas.
6. Con un cuchillo de hoja fina,
separe el flan de las paredes
del molde y vuélquelo sobre un
recipiente. Si no se desprende,
déjelo enfriar 2 horas.

Ensalada de frutas

Macedonia de fruta

Ingredientes para 4 personas:
1/2 sandía, 1 papaya
1 mango, 1 piña
1 taza de pasas negras (50 g)
Jugo de limón y/o miel

Exquisita

Cada porción:
470 kj/110 kcal · 1 g de
proteínas · 0 g de grasa · 26 g
de hidratos de carbono

- Tiempo de preparación:
  35 minutos
- Tiempo de refrigeración:
  2 horas

1. Recogiendo en cada caso el
zumo que vayan soltando las
diferentes frutas, corte la sandía
por la mitad y luego en cuñas
estrechas para poder quitarles
las semillas con una cucharilla.
Luego pele las cuñas con un
cuchillo afilado y corte la pulpa
en cubitos.
2. Pele la papaya, quítele las
semillas y corte la pulpa en
cubitos. Pele también el mango.
Corte el fruto en cuñas
alrededor del núcleo y luego en
cubos pequeños.
3. Corte las hojas de la piña y
pélela a fondo. Corte el fruto a
lo largo en cuartos y extraiga la
parte dura del centro. Luego
corte la pulpa en cubos.
4. Ponga en un recipiente
hondo los trozos de todos los
frutos, junto con los diferentes
zumos. Añada las pasas negras,
mézclelo todo bien, rocíelos con
unas gotas de limón y
endúlcelos, al gusto, con un
poquito de miel. Introduzca la
macedonia en el refrigerador y
deje que se enfríe durante 2
horas como mínimo.
5. Sirva porciones individuales
bien frías, añadiéndolas, al
gusto, nata montada o un
poquito de licor de huevo.

En la parte inferior: Ensalada
de frutas
En la parte superior: Flan
de almendras

Título original:
Mexikanisch Kochen
Traducción:
Mª del Carmen Vega Álvarez

© 1994 Gräfe und Unzer GmbH, München, y
EDITORIAL EVEREST, S. A.
Carretera León-La Coruña km 5 - LEÓN
ISBN: 84-241-2370-0
Depósito Legal: LE: 781-1996
Printed in Spain - Impreso en España

EDITORIAL EVERGRÁFICAS, S. L.
Carretera León-La Coruña km 5
LEÓN (ESPAÑA)

Cornelia Adam

Comenzó trabajando en hostelería, más tarde, como redactora de una conicida revista para la mujer, escribió numerosos artículos sobre gastronomía basados en su experiencia profesional en el extranjero. Desde hace tiempo viene dedicándose al periodismo culinario y a la fotografía gastronómica. Es la autora de diversos libros dentro de la colección «Cocina Fácil» de Editorial Everest.

Odette Teubner

Debe su formación como fotógrafa a su padre, el internacionalmente conocido por su gran labor en fotografía, Christian Teubner. Actualmente trabaja en su estudio de fotografía culinaria «Fotostudio Teubner», y en sus ratos libres se dedica al retrato infantil, utilizando preferentemente como modelo a su hijo.

Dorothee Gödert

Licenciada en fotografía en varias escuelas técnicas francesas y suizas, desarrolló en Princeton (EE UU) su faceta de fotógrafa especializada en temas culinarios alcanzando grandes éxitos en su profesión así como un gran renombre internacional. Desde Abril de 1988 desarrolla su trabajo en el Fotostudio Teubner.